BEI GRIN MACHT SICH IHR WISSEN BEZAHLT

AF140113

- Wir veröffentlichen Ihre Hausarbeit,
  Bachelor- und Masterarbeit

- Ihr eigenes eBook und Buch -
  weltweit in allen wichtigen Shops

- Verdienen Sie an jedem Verkauf

Jetzt bei www.GRIN.com hochladen und kostenlos publizieren

Bibliografische Information der Deutschen Nationalbibliothek:

Die Deutsche Bibliothek verzeichnet diese Publikation in der Deutschen National-
bibliografie; detaillierte bibliografische Daten sind im Internet über http://dnb.d-
nb.de/ abrufbar.

Impressum:

Copyright © 2015 GRIN Verlag, Open Publishing GmbH
Druck und Bindung: Books on Demand GmbH, Norderstedt Germany
ISBN: 9783668319691

Dieses Buch bei GRIN:

http://www.grin.com/de/e-book/341863/kompetenzbildung-fuer-ein-lebenslanges-
lernen-in-der-schule-das-konzept

Steffanie Sippmann

Kompetenzbildung für ein lebenslanges Lernen in der Schule. Das Konzept der Montessori-Pädagogik

GRIN Verlag

GRIN - Your knowledge has value

INHALTSVERZEICHNIS

1 EINLEITUNG

In Zeiten der Globalisierung und des stetigen Fortschritts hat sich insbesondere die Arbeitswelt der heutigen westlichen Gesellschaft stark verändert, womit ihr ganz neue Herausforderungen gegenüber stehen, als vor noch wenigen hundert Jahren. So ist die Bildung, vor allem im Sinne der Fort- und Weiterbildung, heute für eine Vielzahl der Menschen unabdingbar, um Erwerbsarbeit auf Dauer ausüben zu können, die in dieser Gesellschaft ein wichtiger Bezugspunkt bzw. Bestandteil des Lebensplans und Lebenssinns darstellt. Aus diesem Grund rückt auch das Konzept des Lebenslangen Lernens immer weiter in den Fokus, denn lebenslanges Lernen ist nicht mehr nur ein erstrebenswerter humboldtscher Bildungsgedanke, sondern vielmehr eine Notwendigkeit geworden.

Die Schule, als ausführende Instanz des Bildungssystems, hat unter anderem die Aufgabe, die Schüler auf eine Berufstätigkeit vorzubereiten, ihnen die nötige Allgemeinbildung und Kompetenzen zu vermitteln, um in der Arbeitswelt Fuß fassen oder auch bestehen zu können, d.h. sie soll ihre Qualifikationsfunktion erfüllen (Fend, 1980, S. 19ff.).

Nun zeigen die aktuellen PISA-Studien, die die erforderlichen Fähigkeiten und Kompetenzen von Schülern zum Ende ihrer Pflichtschulzeit prüfen, dass sich die Ergebnisse der deutschen Schülerinnen und Schüler seit PISA 2000 zwar verbessert haben, allerdings im internationalen Vergleich noch immer nur für das (inzwischen obere) Mittelfeld ausreichen ("PISA-Studie", o. J.).

So kann der Verdacht aufkommen, dass die öffentliche Schule, die ihren Ursprung in Deutschland vor 250 Jahren und seither nur wenige Reformen durchlebt hatte, eventuell nur mäßig auf ein lebenslanges Lernen und somit auch auf eine Berufstätigkeit vorbereiten kann und Voraussetzungen dafür schafft.

Vor diesem Hintergrund untersucht die vorliegende Hausarbeit im Rahmen eines empirischen Forschungsberichts einer Einzelfallanalyse eine alternative freie Schule, die gegebenenfalls Anregungen für einen Perspektivwechsel im Bildungssystem geben kann und geht der Frage nach: **Wie wirkt sich die Montessori-Pädagogik auf die Kompetenzentwicklung im Hinblick auf das Konzept des Lebenslangen Lernens aus.** Hierfür wird ein problemzentriertes Interview mit einer Lernbegleiterin dieser Schule geführt und anhand der Grounded Theory ausgewertet.

Dabei wird zunächst im Kapitel zwei, dem theoretischen Teil, die Individualisierungsthese von Ulrich Beck als Theorierahmen dargestellt. Anschließend wird zum Konzept des Lebenslangen Lernens und zur Montessori-Pädagogik der aktuelle Forschungsstand aufgezeigt und die Forschungslücke, die in diesem Zusammenhang besteht, mitsamt der Hypothesen erarbeitet.

Im dritten Kapitel, dem empirischen Teil, werden, neben der Beschreibung des Feldzugangs, das Problemzentrierte Interview als Erhebungsmethode sowie die Grounded Theory als Auswertungsmethode kurz theoretisch vorgestellt und deren praktische Anwendung erläutert. Anschließend werden die erarbeiteten Ergebnisse interpretiert.

Die Arbeit endet in Kapitel 4 mit einem Fazit in Form einer Zusammenfassung und Methodenreflexion.

2 THEORETISCHER TEIL

2.1 Die Individualisierungstheorie nach Ulrich Beck

Ulrich Beck, ein bedeutender Soziologe und überzeugter Europäer, ist am 01. Januar 2015 im Alter von 70 Jahren gestorben.

Seine Individualisierungsthese, bekannt geworden durch den Klassiker „Risikogesellschaft – Auf dem Weg in eine andere Moderne" (1986), bildet in der vorliegenden Arbeit den Theorierahmen, der die gesellschaftlichen Verhältnisse und Rahmenbedingungen darzustellen versucht.

Die Individualisierung als eines der wichtigsten Stichworte des modernen Wandels umfasst auf dessen letzter Stufe der Industrialisierung und Modernisierung drei Dimensionen: „*Herauslösung* aus historisch vorgegebenen Sozialformen und -bindungen im Sinne traditionaler Herrschafts- und Versorgungszusammenhängen (>>Freisetzungsdimension<<), *Verlust von traditionalen Sicherheiten* im Hinblick auf Handlungswissen, Glauben und leitenden Normen (>>Entzauberungsdimension<<) und – womit die Bedeutung des Begriffes gleichsam in ihr Gegenteil verkehrt wird- eine *neue Art der sozialen Einbindung* (>>Kontroll- bzw. Reintegrationsdimension<<)" (Beck, 1986, S. 207).

In Deutschland bezieht sich die Individualisierung zum einen auf die Ausdünnung bzw. Auflösung der sozialen Klassenkulturen, in Gang gesetzt durch den „Fahrstuhl-Effekt", wodurch auch neue Chancen eröffnet wurden, denn Arbeitsstellen und Bildungsabschlüsse sind nicht mehr an die Klassenreproduktion gebunden, wenngleich die soziale Ungleichheit weiterhin Bestand hat (Beck, 1986, S. 122).

Zum anderen hat sich die klassische Rollenverteilung und damit auch die familiäre Struktur verändert, in der nun Männer, wie auch Frauen „bildungs-, arbeitsmarkt- und berufsorientiert" agieren (Beck, 1986, S. 208f.). Die Stabilität durch soziale Klassenbindungen zerbricht und auch die der Familie schwindet. Dies hat zur Folge, dass das Individuum selbst für seine Lebensplanung und Existenzsicherung in Verantwortung steht (Beck, 1986, S. 209). Und doch greift gleichzeitig eine Institutionalisierung und Standardisierung in die Lebenslagen und -planungen der Individuen ein, wo gesellschaftliche Rahmenbedingungen und soziale Standards der Markt- und Arbeitsmarktgesellschaft die individuelle Verselbständigung enorm eingrenzen. Infolgedessen sind individuelle Lebenslagen institutionsabhängig und die Individuen „arbeitsmarktabhängig und *deshalb* bildungsabhängig, konsumabhängig, abhängig von sozialrechtlichen Regelungen und Versorgungen, von [...] Möglichkeiten und Moden in der [...] pädagogischen Beratung und Betreuung." (Beck, 1986, S. 210).

Gerade auf der subjektiven Seite eines jeden Einzelnen werden bei der versuchten Realisierung der materiellen, räumlichen und zeitlichen Erwartungen die gegebenen und genannten Einschränkungen als Widerstände spürbar.

Die größte standardisierende Wirkung übt in dieser Entwicklung der Individualisierung der Arbeitsmarkt aus. Der Beruf ist gesellschaftlich gesehen das, was eine Person ausmacht, das, was einem Einkommen sichert, das, was Konsum ermöglicht, letztendlich das, was einer Person ihre Stellung in der Gesellschaft zuweist. Eine idealtypische intakte Lebensführung erfordert demnach eine Erwerbsarbeitsstelle und diese wiederum erfordert Bildung (Beck, 1986, S. 210f.) Hier wird deutlich, wie wichtig Bildung in der heutigen Zeit geworden ist, welchen hohen Stellenwert sie eingenommen hat, um auch in der weiteren Lebensführung gesellschaftlich nicht ins Abseits zu geraten.

Daher ist es das Anliegen dieser Arbeit, die Chancen zu prüfen, die den Individuen durch das Bildungssystem geboten werden, um ihre Biografien mit den notwendigen Kompetenzen den jeweiligen Situationen anzupassen.

Da das allgemeine Bildungssystem die Änderungen und den Wandel auf dem Arbeitsmarkt, worauf im folgenden Kapitel noch näher eingegangen wird, wenig bis gar nicht beachtet und somit mehr und mehr veraltet (Beck, 1986, S. 242), wird im Rahmen dieser Arbeit eine alternative Bildungseinrichtung, eine freie Montessori-Schule in Berlin, untersucht, um etwaige Stärken, die dem Individuum zu Nutze kommen könnten, herauszufiltern bzw. aufzuzeigen.

2.2 Aktueller Forschungsstand

In den nachfolgenden Unterkapiteln 2.2.1 und 2.2.2 wird der aktuelle Forschungsstand der zu untersuchenden Bereiche, zum einem das Konzept des Lebenslangen Lernens und zum anderen die Montessori-Pädagogik, anhand der vorgenommenen Literaturrecherche dargestellt. Das Kapitel schließt mit einer Ableitung der Hypothesen ab.

2.2.1 Lebenslanges Lernen

Lebenslanges Lernen ist kein neues Konstrukt, sondern sowohl im humboldtschen als auch im evolutionstechnischen Sinn bekannt.

Biologisch und evolutionär bedingt lernt der Mensch sein Leben lang, um sich seiner Umwelt anzupassen. Er eignet sich neues Wissen an, verarbeitet Erfahrungen, löst immer neue Probleme und entwickelt hierfür Fertigkeiten und Fähigkeiten. „Leben ist gleichsam identisch mit Lernen." (Hof, 2009, S. 16). Somit ist Lernen eine Notwendigkeit, notwendig um zu überleben und gleichzeitig ein ganz alltägliches und selbstverständliches Phänomen.

Auch Friedrich Wilhelm von Humboldt schrieb bereits 1792: „Der wahre Zweck des Menschen [...] ist die höchste und proportionierlichste Bildung seiner Kräfte zu einem Ganzen."(S. 5). Wobei auch das für ihn das ganze menschliche Leben, wenn nicht auch generationsübergreifend andauert (Humboldt, 1986, S. 34).

In dieser Arbeit allerdings liegt der Fokus nicht auf dem Lernphänomen, sondern auf dem bildungspolitischen Diskurs des Lebenslangen Lernens. Seit den 1970ern, verstärkt jedoch seit den 1990ern, lässt sich eine öffentliche Thematisierung dazu feststellen (Hof, 2009, S. 16).

Ausgangspunkt für diesen bildungspolitischen Diskurs waren und sind die steigenden und neuen Qualifikations- und Kompetenzanforderungen, die durch den fortdauernden gesellschaftlichen und technischen Wandel, welcher alle Lebens- und Arbeitsbereiche betrifft, entstanden sind (Arbeitsstab Forum Bildung, 2001, S. 1).

Insbesondere der Arbeitsmarkt, der wie im vorherigen Kapitel bereits beschrieben, eine wichtige, gesellschaftlich integrierende aber auch ausgrenzende Stellung einnimmt, hat sich drastisch verändert. Unbefristete Vollzeitarbeitsplätze sind zur Mangelware geworden. Durch den technischen Fortschritt, besonders auf dem Gebiet der Mikroelektronik, findet eine erneute Rationalisierung der Arbeitsplätze und auch der Arbeitszeit statt. Überwachungs-, Steuerungs- und Wartungsaufgaben werden in wenigen fachlich hochqualifizierten Positionen zusammengefasst. Durch die dadurch eingetretene Teilzeit- und Unterbeschäftigung entstehen für die Betriebe große personalpolitische Handlungsspielräume, die ihnen eine Arbeitsumstellung erleichtern und es ihnen erlauben, das Arbeitszeitvolumen flexibel an die Auftragslagen anzupassen. Infolge dieser Machtposition der Betriebe und auch getroffener rechtlicher Grundlagen bzgl. Zeit- und Leiharbeit, befristeter Arbeitsverträge und geringfügig Beschäftigter (sog. Minijobs) entsteht auf Seiten der Beschäftigten oder Arbeitssuchenden ein großer Druck hinsichtlich der Anpassung an wechselnde und neue (Qualifikations-)Anforderungen, um zumindest auf dem Arbeitsmarkt, wenn auch nicht immer in ein und demselben Beruf bestehen zu können (Beck, 1986, S. 232 ff.).

Als eine Antwort auf den beschleunigten Wandel der Lebensverhältnisse werden die Konzepte des Lebenslangen Lernens präsentiert. Hierbei sind es vor allem die supranationalen Organisationen, wie die UNESCO und die OECD, die das Lernen als strategisches und funktionales Konzept sehen und dessen Funktionalität für die Gesellschaft betrachten (Hof, 2009, S. 16). In Deutschland sind es in erster Linie das Bundesministerium für Bildung und Forschung und die Bund-Länder-Kommission für Bildungsplanung und Forschungsförderung (BLK), die das Thema auf ihrer Agenda haben.

Das Ziel der Bildungspolitik, die Verwirklichung des Lebenslangen Lernens für alle, betrifft alle Bildungsbereiche, von der Kindertageseinrichtung bis hin zu den unterschiedlichsten Weiterbildungen, deren Ausbau in institutionalisierter Form und dessen Forschung ebenfalls zu dem Wandel im Verständnis des Lebenslangen Lernens beitrugen (Arbeitsstab Forum Bildung, 2001, S. 1 f.; Hof, 2009, S. 17).

In der aktuellsten Publikation zum Lebenslangen Lernen definiert die BLK Lebenslanges Lernen wie folgt: „Lebenslanges Lernen umfasst alles formale, nicht-formale und informelle Lernen an verschiedenen Lernorten von der frühen Kindheit bis einschließlich der Phase des Ruhestands. Dabei wird ‚Lernen' verstanden als konstruktives Verarbeiten von Informationen und Erfahrungen zu Kenntnissen, Einsichten und Kompetenzen." (Bund-Länder-Kommission für Bildungsplanung und Forschungsförderung, 2004, S. 13).

Nun stellt sich die Frage, zu welchem Zeitpunkt und unter welchen Bedingungen können Informationen und Erfahrungen verarbeitet werden, können Kompetenzen gebildet und Kenntnisse erlangt werden, kurz gesagt, kann gelernt werden?

Anders als früher oft behauptet ist Lernen keine Frage des Alters. Die Lernfähigkeit nimmt nicht generell mit dem Anstieg des Alters ab, sondern ist abhängig von ganz individuellen Faktoren, wie etwa dem allgemeinen Wissensstand, der positiven oder negativen Lern- und Schulerfahrungen sowie der eigenen Motivation (Dietsche & Meyer, 2004, S. 31). Die abnehmende Beteiligung der Älteren an Weiterbildungsangeboten lässt sich außerdem durch eine verallgemeinerte Defizitzuschreibung an Ältere aus deren Umwelt, durch einen starken Wunsch nach Selbständigkeit und damit der Ablehnung jeder Form der Bevormundung und Fremdsteuerung, durch eine altersspezifische Bildungskluft im Bereich der Multimediatechnik und besonders durch das Ausscheiden aus dem Berufsleben und damit dem Wegfall der Notwendigkeit einer beruflichen Weiterbildung erklären (Arbeitsstab Forum Bildung, 2001, S. 62 f.).

Auch ist eine sozial ungleiche Beteiligung an Lernaktivität zu beobachten, was angefangen von Bildungsbenachteiligungen in Schulen über schlechtere Ausbildungsplatzchancen bis hin zu den dadurch entstandenen Zugangsbarrieren zur beruflichen Weiterbildung und der damit verbundenen sozialen Ausgrenzung (Arbeitsstab Forum Bildung, 2001, S. 69) insbesondere auf sozial- bzw. einkommensschwächere Personen, Frauen und Migranten zutrifft (Arbeitsstab Forum Bildung, 2001, S. 78).

Hier stellen sowohl die objektivierte Feststellung von Bildung als auch die persönlichen Erfahrungen in der Schule ein Problem bei der Förderung des Lebenslangen Lernens aller dar.

So bedingt das Prüfungs- und Berechtigungswesen in Deutschland eine vorwiegend noten- und zeugnisbezogene Wissenseinprägung, beurteilt sehr begrenzt komplexe Problemlösungsfähigkeiten in dessen Anwendungs- und Verwertungsmöglichkeiten und stellt mit ihren allgemeinen Standards der Zertifikate gleiche Anforderungen an ungleiche Menschen. Dem individualisierten Lernen und der persönlichen Bildung wird dementsprechend wenig Rechnung getragen. Daraus resultiert, das eine große Zahl der Menschen, die z.B. mehr aus der Verarbeitung praktischer Erfahrungen und Fälle lernen, benachteiligt und keine Motivation für deren lebenslanges Weiterlernen fördert (Arbeitsstab Forum Bildung, 2001, S. 99f.).

Auch stellt Lebenslanges Lernen mittlerweile eine „Bringschuld" an die Menschen dar. Aus den Möglichkeiten der vielfältigen Bildungsangebote ist eine Verpflichtung zum lebenslangen Lernen geworden. Der Einzelne wird mit dem Zwang des fortdauernden Lernens in die persönliche Verantwortung für seine erfolgreiche oder nicht-erfolgreiche berufliche Zukunft genommen (Arbeitsstab Forum Bildung, 2001, S. 38; Tuschling, 2004, S. 157).

Trotz aller Kritikpunkte und Probleme bei der gerechten Umsetzung des Lebenslangen Lernens für alle, solange der Arbeitsmarkt bzw. ein Beruf einen so hohen gesellschaftlichen Stellenwert und persönliche Identifizierungsfunktion aufweist und gleichsam auch jedes Zertifikat, ist Lebenslanges Lernen sowohl für eine individuelle erfolgreiche Lebensführung als auch für die Teilhabe an und Gestaltung der Gesellschaft notwendig (Arbeitsstab Forum Bildung, 2001, S. 2).

Aus diesem Grund stellen Expertengruppen hohe Anforderungen an alle Organisationen und Akteure in der Bildung und setzen eine frühe Vermittlung, angefangen von der Motivation zum Lernen, indem neue Lern- und Lehrkulturen geschaffen werden sollen, über verschiedene zu erlangende Basiskompetenzen, wie Lernkompetenz, welche das Lernen lernen ermöglichen soll, Handlungs- und Selbststeuerungskompetenz, Sozialkompetenz, personale Kompetenzen und Teamfähigkeit bis hin zu Fachkompetenzen, wie der Umgang mit den neuen Informations- und Kommunikationstechnologien, voraus (Arbeitsstab Forum Bildung, 2001, S. 2; BLK für Bildungsplanung und Forschungsförderung, 2004, S. 21). Inwieweit bereitet die Schule auf das Konzept des Lebenslangen Lernens als Notwendigkeit vor? Vor dieser Frage wird in dieser Arbeit die Umsetzung oder Förderung der genannten Kompetenzentwicklungen als Voraussetzung für das Lebenslange Lernen aus Sicht einer Montessori-Lehrerin untersucht. Weitergehend wird dazu im Folgenden der Forschungsstand der Montessori-Pädagogik dargestellt.

2.2.2 Montessori-Pädagogik

Maria Montessori (1870-1952), eine der großen Reformpädagogen des letzten Jahrhunderts, entwickelte ein pädagogisches Gesamtkonzept, das die institutionelle Erziehung der Kinder und Jugendlichen im Alter von 3 bis 18 Jahren umfasst. Dieser sog. Erdkinderplan verkörpert Montessoris Idee einer anderen Gesamtschule und basiert auf einer Analyse der Sensibilitäten und Bedürfnisse der Entwicklungsphasen des Kindes (Liebenwein, Barz & Randoll, 2013, S. 22). Montessori unterteilt dabei drei sensible Phasen, denen jeweils eine besondere Empfänglichkeit für die Lernbereitschaften des Kindes für bestimmte Fähigkeiten zugeschrieben wird. Unter dieser Beachtung soll eine auf das Kind abgestimmte Lernumwelt mit speziellen Entwicklungsmaterialen, auf welche in dieser Arbeit nicht näher eingegangen werden kann, geschaffen werden, die die Fähigkeiten und die Kreativität der Kinder in Form von Freiarbeit fördert.

Da nach Montessori jedes Kind das Bedürfnis nach Selbstständigkeit und Aktivität hat, soll durch Erziehung eine ungestörte Normalisierung nach dem eigenen Bauplan des Kindes ermöglicht werden. Die, durch psychische Reaktionen ausgelöste, innere spontane Aktivität führt zur Polarisierung der Aufmerksamkeit, welche ein entscheidender Anstoß zur Entwicklung der Pädagogik für Montessori war. Diese vollkommene und zielgerichtete Konzentration auf eine Arbeit oder ein Erlebnis schafft durch die dadurch entwickelte Lernfreude den Schlüssel zur Erziehung (Hyun, 2011, S. 12ff.).

Die Formen der selbsttätigen Lern- und Leistungserbringungen der Montessori-Pädagogik, die ein positives und verantwortungsvolles Arbeits- und Leistungsverhältnis sowie das Könnensbewußtsein und Vertrauen der jungen Menschen fördert, entsprechen dem Verständnis von Leistung und Lernen der aktuellen bildungspolitischen Diskussion (Ludwig, Fischer & Fischer, 2001, S. 29f.).

Dem Anspruch der Montessori-Pädagogik zu Folge sollten demnach im Vergleich zu Schülern an staatlichen Regelschulen deutlich bessere Werte erwartet werden als dies zum Beispiel der nordrhein-westfälische Vergleich der Schüler aufzeigt, welcher statistisch keine signifikanten Unterschiede deutlich machte. Allerdings gibt es auch Studien, die eben diese belegen. So verfügen Montessori-Schüler bei einer Befragung von angewandten Lerntechniken über weitaus höhere Kompetenzen (Liebenwein et al., 2013, S. 89f.).

Eine 2004/2005 vorgenommene Untersuchung verglich die Lernstandsergebnisse von Montessori- und Nicht-Montessori-Klassen in Nordrhein-Westfalen im Rahmen der Studie „Vergleichsarbeiten (VERA)" 2004 und konnte in diesem Zusammenhang bei knapp der Hälfte eine deutliche Leistungsüberlegenheit der Montessori-Klassen feststellen (Suffenplan, 2006, S. 2).

Fischer untersuchte neben dem Leistungsstand von Montessori-Klassen im Vergleich zu Regelschulklassen ebenfalls in einer vierjährigen Langzeitbeobachtung das Arbeits- und Sozialverhalten frei arbeitender Kinder. Auch wenn in der zweiten Klasse die Montessori-Schüler dabei eine signifikant stärkere Leistung gegenüber den Regelschülern aufwiesen, glich sich dieser Unterschied der Leistungsstände bis zum Ende der vierten Klasse aus. Die Ergebnisse der frei arbeitenden Kinder zeigten, dass diese ihre Arbeitszeit mit 91,3% im ersten bis 96,2 % im vierten Schuljahr fast vollständig nutzen (Fischer, 1982, S. 114ff., 118ff.).

Viele Studien der Montessori-Pädagogik wurden vor allem in den USA veröffentlicht. Die Ergebnisse dort zeigen, dass Montessori-Schüler eine deutlich bessere soziale Kompetenz und in Bezug auf die Motivation beim Lernen ebenso bessere Erfahrungen mit schulischen Aktivitäten aufweisen als Schüler in öffentlichen Schulen (Hyun, 2011, S. 28).

Anhand dieser Ergebnisse lassen sich die im folgenden Kapitel vorgestellten Hypothesen zu der vorliegenden Forschungsfrage im Hinblick auf die Förderung von Voraussetzungen bzgl. des Konzepts des Lebenslangen Lernens ableiten.

2.3 Hypothesen

Im Hinblick auf den im Kapitel 2.2.1 vorgestellten Forschungsstand zum Konzept des Lebenslangen Lernens im bildungspolitischen Diskurs als eine notwendige Bedingung sowohl für den Erfolg des Einzelnen in seiner persönlichen und beruflichen Lebensführung als auch für den Wohlstand und die Wettbewerbsfähigkeit eines Staates wird die Forschungslücke zwischen eben diesem Konzept und dem im Kapitel 2.2.2 dargestellten Forschungsstand zur Montessori-Pädagogik als sich eventuell gegenseitig begünstigende Gegenstände vermutet.

Dahingehend werden aus der vorgenommenen Literaturrecherche folgende Hypothesen für den vorliegenden Forschungsbericht einer Einzelfallstudie abgeleitet:

H1: Es wird vermutet, dass sich die Montessori-Pädagogik positiv auf die Kompetenzen im Hinblick auf das Konzept des Lebenslangen Lernens auswirkt.

H2: Es wird vermutet, dass die Montessori-Pädagogik eine selbstgesteuerte und selbstorganisierte Lernfähigkeit fördert.

3 EMPIRISCHER TEIL

3.1 Das Problemzentrierte Interview nach Witzel

Witzel entwickelte das Problemzentrierte Interview, um die subjektiven Handlungsbegründungen und Situationsdeutungen, die eine Person aufgrund der ihr gegenüberstehenden gesellschaftlichen Anforderungen darlegt, in den Fokus zu nehmen (Witzel, 1985, S. 228).

Schlussfolgernd daraus, ist das zentrale Kriterium der Methode die Problemzentrierung, eine vom Forscher erarbeitete wahrgenommene gesellschaftliche Problemstellung (Witzel, 1985, S. 230).

In der vorliegenden Arbeit ist dies ein Einzelfallproblem, die subjektive Deutung einer Montessori-Lernbegleiterin bzgl. der Auswirkung der Montessori-Pädagogik auf die Kompetenzentwicklung im Hinblick auf das Konzept des Lebenslangen Lernens als eine Notwendigkeit des heutigen (Arbeits-)Lebens, wodurch die Auswahl dieser Interviewmethode sinnvoll ist.

Eine im Vorfeld durchgeführte wissenschaftliche Recherche anhand von einschlägigen Theorien und Studien zu dieser Problemstellung ist für eine Nachvollziehbarkeit der objektiven gesellschaftlichen Realität dieses Problems und dessen Rahmenbedingungen, aber auch für die genaue Formulierung der Interviewfragen sowie für angebrachte Nachfragen von großer Bedeutung (Witzel, 1985, S. 230).

Dieser Wissenshintergrund wurde versucht im Kapitel 2 systematisch offenzulegen, in dem sowohl die gesellschaftlichen Rahmenbedingungen anhand der Individualisierungsthese von Beck, welche, um auf die subjektive Sicht des problemzentrierten Interviews Bezug zu nehmen, darlegt, wie die Selbstreflexion der Individuen in Folge der immer größer werdenden eigenen Verantwortung für ihr Handeln notwendig wird (Witzel, 2000, S. 1 nach Beck, 1986), als auch die aktuellen Forschungsstände zu den Themen „Lebenslanges Lernen" und „Montessori-Pädagogik" dargestellt wurden.

Dieser vermeintliche Gegensatz des problemzentrierten Interviews als ein theoriegenerierendes Verfahren zwischen Theoriegeleitetheit und Offenheit, wobei sich letzteres aus der Abzielung einer möglichst unvoreingenommenen Erfassung von individuellen Handlungen und subjektiven Wahrnehmungen ableitet, soll durch die Organisation als induktiv-deduktives Wechselspiel des Erkenntnisgewinnes aufgelöst werden (Witzel, 2000, S. 1).

Neben der Problemzentriertheit wird das problemzentrierte Interview durch zwei weitere Grundpositionen charakterisiert. Zum einem durch die Gegenstandsorientierung und die sich darauf beziehende flexible Gestaltung der Methode und zum anderen durch die Prozessorientierung, die sich auf die schrittweise Gewinnung und Prüfung von Daten und deren reflexiven Bezug zum Gegenstand während des gesamten Forschungsablaufs bezieht (Witzel, 2000, S. 2f.).

Zur Umsetzung und Unterstützung des Problemzentrierten Interviews beschreibt Witzel (2000, S. 4) vier Instrumente:

- den Kurzfragebogen, welcher zur Ermittlung der Sozialdaten (im vorliegenden Fall: Alter, Abschluss, beruflicher Werdegang, aktuelle Position und eigene Erfahrungen; s. Anhang 4, S. 32),

- die Tonträgeraufzeichnung, die eine vollständige und authentische Transkription des Kommunikationsprozesses ermöglicht (s. Anhang 3, S. 24ff.),

- den Leitfaden, welcher als Gedächtnisstütze und Orientierungsrahmen die Forschungsthemen, eine Einleitungsfrage und einige Fragemöglichkeiten beinhaltet (s. Anhang 1, S. 22) sowie

- das Postskript, welches als Ergänzung zur Tonträgeraufzeichnung nach dem Interview erstellt wird und non-verbale und situative Aspekte beschreibt (s. Anhang 5, S. 33)

Der Interviewablauf beginnt mit der Kontaktaufnahme der Interviewperson, der, neben der Zusicherung der Anonymisierung ihrer Daten, ihre Rolle als Experte ihrer Orientierungen und Handlungen sowie der Untersuchungszweck erläutert wird. Das Interview selbst wird in aller Regel mit einer erzählgenerierenden Einleitungsfrage begonnen. Im weiteren Interviewverlauf können allgemeine Sondierungs- und Ad-hoc-Fragen sowie verständnisgenerierende Fragen zum Einsatz kommen (Witzel, 2000, S. 5).

Auch für die Auswertung stehen beim problemzentrierten Interview gemäß seines Prinzips der Gegenstandorientierung für verschiedene Erkenntnisinteressen verschiedene Methoden zur Verfügung (Witzel, 2000, S. 7)

In dieser Arbeit wird das problemzentrierte Interview anhand der Grounded Theory ausgewertet, welche weiter in Kapitel 3.3 beschrieben wird.

3.2 Feldzugang

Ziel der Arbeit ist es, zu analysieren und aufzuzeigen, inwieweit sich die Montessori-Pädagogik als eine Alternative zur Regelschule auf die Entwicklung von Kompetenzen, die das Konzept des Lebenslangen Lernens bedingen, auswirkt. Da die kognitive Entwicklung Grundvoraussetzung für die Kompetenzbildung ist (Lohaus & Vierhaus, 2013, S. 106), war es das Anliegen beim Feldzugang eine Lernbegleiterin in einer Montessori-Schule zu finden, die nicht nur eine Grundschulform anbietet, sondern auch die Sekundarstufe I beinhaltet. Damit kann die Beurteilung von beobachtbaren Kompetenzen sichergestellt werden.

Die Interviewperson selbst ist studierte Pädagogin und war sowohl an einer Montessori-Grundschule als auch aktuell seit drei Jahren an einer Montessori-Schule mit der Sekundarstufe I als Lernbegleiterin tätig.

Daher kann davon ausgegangen werden, dass genügend Erfahrung und Reflexionsmasse vorhanden ist, um die Problemstellung der Arbeit mithilfe ihrer subjektiven Handlungs- und Situationsbeschreibungen analysieren zu können.

3.3 Grounded Theory

Da Witzel das problemzentrierte Interview in Anlehnung an das theoriegenerierende Verfahren der Grounded Theory entwickelte (Witzel, 2000, S. 2), wird diese auch für die vorliegende Arbeit als Auswertungsmethode angewendet.

Die Grounded Theory wurde erstmals in den 1960er Jahren, beeinflusst durch den amerikanischen Pragmatismus von Barney G. Glaser und Anselm L. Strauss, vorgestellt (Strauss & Corbin, 1996, S. 9), mit dem Ziel, die Lücke zwischen abstrakten Theorien und empirischer Forschung zu überbrücken (Glaser & Strauss, 1967, S. 5).

Mithilfe des qualitativen Auswertungsverfahrens der Grounded Theory soll eine empirisch fundierte „gegenstandsverankerte Theorie" induktiv aus der Untersuchung eines Phänomens abgeleitet werden (Strauss & Corbin, 1996, S. 7ff.).

Die Entdeckung von gegenstandbezogener Theorien erfolgt aus der Formulierung von Konzepten, die aus der Interpretation der erhobenen Daten gewonnen werden sowie deren Beziehung zu aufgestellten Hypothesen für den zu untersuchenden Gegenstandsbereich (Glaser & Strauss, 1979, S. 91; Strauss & Corbin, 1996, S. 13).

Dabei gelten diese Theorien als Vorstufe und strategische Brücke zwischen der Formulierung und Entwicklung einer angestrebten formalen Theorie, welche sich direkt auf empirische Daten des Forschungsprozesses bezieht (Glaser & Strauss, 1979, S. 108).

Die Entwicklung der Theorien aus den Daten findet in dem zentralen Prozess des Kodierens statt (Strauss & Corbin, 1996, S. 39). Dabei unterscheidet

Strauss die Kodierprozeduren des Offenen Kodierens, des Axialen Kodierens und des selektiven Kodierens, welche in den folgenden drei Kapiteln näher beschrieben werden.

Da im Rahmen der vorliegenden Arbeit lediglich ein Interview als Einzelfall ausgewertet werden kann, soll an dieser Stelle darauf hingewiesen werden, dass der wechselseitige Prozess der Analyse nicht zwischen der Datenerhebung und -verwertung, sondern ausschließlich innerhalb der einzelnen Kodierschritte stattfindet.

3.3.1 Offenes Kodieren

Abweichend von den gewöhnlichen Kodiermethoden, bei denen ein ex ante formuliertes Kategorieschema über die Daten gelegt wird und somit unerwartete Strukturen im Datenmaterial leicht nicht erkannt werden, verwendet die Grounded Theory eine ad hoc Kodierung des Datenmaterials, bei der das Kategorieschema erst Schritt für Schritt aufgebaut wird (Strauss, 1996, S. 34ff., 76ff.) Daher wird im ersten Schritt des offenen Kodierens nach der Grounded Theory das Material analytisch aufgebrochen, indem durch eine analytische Konzeptualisierung Kodes als Indikatoren für ein zugrunde liegendes Problem aus den relevanten Textstellen des Materials entwickelt werden (Strauss & Corbin, 1996, S. 42ff.).

Der nächste Arbeitsschritt beinhaltet die Zuordnung der entwickelten Konzepte zu übergeordneten Kategoriebegriffen. Dies geschieht, nachdem das gesamte Datenmaterial konzeptualisiert wurde. Die daraus entwickelten Konzepte werden in mehreren vergleichenden Schritten ihre Ähnlichkeit betreffend Kategorien zugeordnet (Strauss & Corbin, 1996, S. 47).

In der vorliegenden Arbeit wurde im ersten Schritt das transkribierte Interview Zeile für Zeile analysiert und interessante bzw. relevante Textstellen als Konzepte interpretiert. Die Konzepte wurden mitsamt den betreffenden Textstellen und den dazugehörigen Zeilennummern des transkribierten Interviews in einer Tabelle dargestellt (s. Anhang 6, Tabelle 1, S. 34ff.). So wurde zum Beispiel aus der Textstelle, die sich in den Zeilennummern (ZN) 41 bis 43 des transkribierten Interviews (s. Anhang 3, S.24ff.) nachlesen lässt, das Konzept der „Problemlösefähigkeit" entwickelt und in der Konzepttabelle (s. Anhang 6, Tabelle 1, S. 34ff.) dargestellt.

In dem weiteren Arbeitsschritt, nachdem die zuvor entwickelten Konzepte mehrfach miteinander verglichen wurden, ließ sich dieses Konzept sowie auch unter anderem das, aus der Aussage der ZN 35 bis 37, entwickelte Konzept der „Lernkompetenz" dem übergeordneten Kategoriebegriff „Kompetenzen" zuordnen.

Nach dieser Vorgehensweise, bei der Kreativität und theoretische Sensibilität während der Analyse des Datenmaterials von großer Bedeutung sind (Strauss & Corbin, 1996, S. 56ff.), wurde das gesamte transkribierte Interview zuerst konzeptualisiert (s. Anhang 6, Tabelle 1, S. 34ff.) und anschließend kategorisiert (s. Anhang 7, Tabelle 2, S. 42ff.), sodass die Daten für den nächsten Schritt, das axiale Kodieren, welcher anschließend erläutert wird, verwendet werden können.

3.3.2 Axiales Kodieren

Nachdem durch das offene Kodieren, weg von einer reinen Beschreibung, eine höhere Abstraktionsebene erreicht worden ist, werden in der Prozedur des axialen Kodierens die Verhältnisse der Kategorien zueinander untersucht, um sie anhand eines kausalen Handlungsmodells miteinander in Beziehung setzen zu können (Strauss & Corbin, 1996, S. 76ff.).

Dazu wurde in der vorliegenden Arbeit eine Bedingungsmatrix (s. Anhang 8, Abbildung 1, S. 47) entworfen. Diese zeigt den kausalen Zusammenhang der entwickelten Kategorien in Form eines sozialen Prozesses durch die jeweilige Zuordnung zu den miteinander in Beziehung stehenden Ebenen des Phänomens, der Bedingungen, der Handlungsstrategien und der Konsequenzen (Strauss & Corbin, 1996, S. 78).

Die im vorherigen Kapitel beschriebene Kategorie „Kompetenzen" wurde dabei als eine Konsequenz im konstruierten Paradigma, in Folge der Handlungsstrategien verortet. Diesen Strategien, welche die Bedingungen des Phänomens zu bewältigen versuchen, wurde im Rahmen dieser Forschungsarbeit die Kategorie der „Gestaltung der Lernumgebung" zugeordnet.

In dieser Form wurden sämtliche Kategorien (s. Anhang 7, Tabelle 2, S. 42ff.) unter Berücksichtigung und Überprüfung ihrer Beziehungen zueinander in die Bedingungsmatrix (s. Anhang 8, Abbildung 1, S. 47) eingeordnet, um letztendlich im Hinblick auf die zu untersuchenden Hypothesen eine Verdichtung der Theorie zu erzielen (Strauss & Corbin, S. 1996, S. 75ff.).

3.3.3 Selektives Kodieren

In der letzten Prozedur, dem selektiven Kodieren, wird der rote Faden der Geschichte identifiziert. Dazu wird die Kernkategorie, die das zentrale Phänomen beschreibt, bestimmt. Die Beziehungen der Kernkategorie zu den weiteren ergänzenden Kategorien werden analysiert und herausgearbeitet, um die analytische Geschichte aus den zuvor gewonnenen und erarbeiteten Daten ableiten zu können. Abschließend wird daraus eine Grounded Theory generiert (Strauss & Corbin, 1996, S. 94 ff.).

Im vorliegenden Forschungsbericht wurde im Rahmen der selektiven Kodierung die Kategorie „Kompetenzen" als Kernkategorie bestimmt, da sich diese primär mit der Forschungsfrage bezüglich der Kompetenzentwicklung deckt und gleichzeitig auf alle bisher entdeckten Kategorien bezogen werden kann. Aus dem erarbeiteten Datenmaterial lässt sich nun folgende analytische Geschichte ableiten:

Im Zentrum steht die *Kompetenzentwicklung* der Schüler einer Montessori-Schule. Der Besuch dieser Schule ist an *Aufnahmebedingungen* geknüpft, bei denen die Eignung des Kindes nicht anhand von Zertifikaten oder Empfehlungen, sondern durch ein gegenseitiges Kennenlernen über einen gewissen Probezeitraum begutachtet wird. Dabei wird sowohl der Wille des Kindes zum selbstständigen Lernen als auch die Eignung im Hinblick auf das Gruppengleichgewicht geprüft. Des Weiteren ist der Zugang durch *Rahmenbedingungen* eingegrenzt. So ist als formale Bedingung auf der einen Seite das Schulgeld, mit dem die weitestgehend selbstständige *Finanzierung* als freie Schule sichergestellt wird und auf der anderen Seite gesellschaftlich bedingt die Bildungsnähe der Elternhäuser, welche sich in erster Linie über die Qualität und Kriterien der Schulen Gedanken machen, eine rahmenbedingte Eingrenzung, die ein gewisses Klientel begünstigt. Die *Grundeinstellung* der Montessori-Pädagogik drückt sich in der *Gestaltung der Lernumgebungen* aus, die durch ein vielfältiges Angebot an Materialien und Möglichkeiten die individuelle und selbständige Nutzung durch die Schüler zum Ziel hat. Ergänzend stehen den Schülern *unterstützende Lernbegleiter* für Fragen und Gespräche zur Verfügung, um auch die *Motivation* der Schüler über ein Feedback und eine Sinngebung des Lernens zu fördern. Auch wenn die *Abschlussfixierung*, insbesondere durch externen Druck verursacht, oftmals im Fokus der Schüler steht, sind es dennoch die *Kompetenzen*, wie zum Beispiel Problemlösefähigkeit, Lernkompetenz, Selbstverantwortung und -einschätzung, die die Schüler kennzeichnen.

Nach der abschließenden Analyse lässt sich folgende **Grounded Theory** formulieren:

Die Kompetenzentwicklung ist abhängig von den Aufnahmebedingungen und der Finanzierung der Schule sowie den formalen und gesellschaftlichen Rahmenbedingungen, die eine Schulentscheidung bestimmen. Die Konzentration der Handlungsstrategien, wie die Grundeinstellung der Schule, die Gestaltung der Lernumgebung und Unterstützung der Lernbegleiter liegt mehr auf der Entwicklung von Kompetenzen und weniger auf der Fixierung eines Abschlusses.

3.4 Interpretation der Ergebnisse

Nach der Analyse und Auswertung des Datenmaterials werden nun die richtungsgebenden Hypothesen, welche zu Beginn des Forschungsprojektes entwickelt wurden, interpretiert und modifiziert. Dabei soll noch einmal darauf hingewiesen werden, dass diese Ergebnisse nicht ohne weiteres generalisierbar sind, da es sich um eine Einzelfallanalyse handelt.

H1: Es wird vermutet, dass sich die Montessori-Pädagogik positiv auf die Kompetenzen im Hinblick auf das Konzept des Lebenslangen Lernens auswirkt.

Für ein erfolgreiches lebenslanges Lernen ist die beste Motivation die Erfahrung, dass Lernen Sinn macht, genauso wie eine Lern- und Lehrkultur, die Freude am Lernen vermittelt (Arbeitsstab Forum Bildung, 2001, S. 3). Anhand der ausgewerteten Daten lässt sich deutlich das Ziel der Freude am Lernen sowie des sinnbegreifenden Lernens erkennen.

Im aktuellen Heft 115 „Strategie für Lebenslanges Lernen in der Bundesregierung Deutschland" betont die BLK die Wichtigkeit der Kompetenzentwicklung von Jugendlichen durch die Schule, indem diese über die Fachkompetenz hinaus auch Basiskompetenzen vermitteln soll (BLK für Bildungsplanung und Forschungsförderung, 2004, S. 6).

Auch die Entwicklung dieser Basiskompetenzen, wie Problemlösefähigkeit, Lernkompetenz, personale Kompetenzen etc. lässt sich als primäres Anliegen der Montessori-Lernbegleiterin aus der Analyse des Datenmaterials bestimmen.

Aufgrund dieser Interpretation und der im vorangegangenen Kapitel aufgezeigten Zusammenhänge wird die Hypothese H1 wie folgt modifiziert:

H1 modifiziert: Die Montessori-Pädagogik hat die Entwicklung von Kompetenzen im Hinblick auf das Konzept zum Ziel und fördert diese konsequent, wobei die Aufnahme- und Rahmenbedingungen sowie die Finanzierung die Klientel auf einen überwiegenden Anteil an Kindern aus bildungsnahen Elternhäusern eingrenzt.

Vor diesem Hintergrund sind auch Studien, wie die VERA 2004, welche bessere Leistungen von Montessori-Schülern nachweisen, kritisch dahingehend zu hinterfragen, ob diese positiven Ergebnisse bei einer ähnlichen Zusammensetzung der Schülerstruktur, wie sie in Regelschulen vorzufinden ist, ebenfalls erreicht werden könnten.

H2: Es wird vermutet, dass die Montessori-Pädagogik eine selbstgesteuerte und selbstorganisierte Lernfähigkeit fördert.

„Ein erhöhter Selbststeuerungs- und damit Beteiligungsgrad der Lernenden in Lernprozessen ist ein Aspekt, der derzeit eng mit dem Konzept des Lebenslangen Lernens verbunden wird." (Dietsche & Meyer, 2004, S. 35) Anhand des analysierten Datenmaterials kann festgestellt werden, dass die Gestaltung der Lernumgebung sehr eng am selbstgesteuerten und -organisierten Lernen orientiert ist, indem die Kinder nämlich die Möglichkeit haben, selbstständig zu entscheiden, mit wem sie wann, an was und wo arbeiten und ihnen ebenfalls die freie Wahl bleibt, mit welchen den ihnen zur Verfügung gestellten Materialen sie ihren Lernerfolg auf welche Art und Weise erarbeiten und präsentieren.

So wird die Hypothese H2 wie folgt modifiziert:

H2 modifiziert: Die Gestaltung der Lernumgebung im Sinne der Montessori-Pädagogik fördert und unterstützt die selbstgesteuerte und selbstorganisierte Lernfähigkeit.

Als abschließenden Punkt der vorangegangenen Analyse und Interpretation der Forschungsergebnisse kann nun die Forschungsfrage: „**Wie wirkt sich die Montessori-Pädagogik auf die Kompetenzentwicklung im Hinblick auf das Lebenslange Lernen aus Sicht einer Montessori-Lehrerin aus?**" wie folgt beantwortet werden: Die Montessori-Pädagogik hat aus der Sicht der interviewten Montessori-Lehrerin, wie sich anhand der Interpretation der Daten nachvollziehen lässt, eine positive Auswirkung auf die Kompetenzentwicklung im Hinblick auf das Lebenslange Lernen.

4 FAZIT UND AUSBLICK

In dieser Arbeit wurde versucht, eine alternative Schulform hinsichtlich ihrer Förderung der Kompetenzentwicklung im Hinblick auf das oftmals existenziell notwendige Konzept des Lebenslangen Lernens zu untersuchen.

Die Auswahl der Interviewpersonen war dabei beschränkt auf Personen, die sich aktuell in einer Position im Bildungssystem befinden. Auch wenn die Generalisierbarkeit durch die Form einer Einzelfallanalyse ohnehin nicht gewährleistet ist, könnte die Voreingenommenheit der interviewten Person in ihrer Stellung als Vertreterin der Montessori-Pädagogik die Daten zusätzlich trüben. In diesem Fall kann angenommen werden, dass zum Beispiel ein ehemalige/r Schüler/in einer solchen Schule, welche/r bereits eigene Erfahrungen mit dem Konzept des Lebenslangen Lernens hinsichtlich arbeitsmarkttechnischer Gründe gesammelt hätte, für den Erkenntnisgewinn und die Beurteilung der Kompetenzentwicklung geeigneter gewesen wäre.

Auch wenn durch diverse Projekte vereinzelte Schulen bereits einen fortschritt-
lichen Pädagogisierungsauftrag ausüben, ist eine Reformierung der öffentlichen Schule bzw. derer Lehr- und Lernkonzepte angesichts des, alle Lebens-
bereiche betreffenden, gesellschaftlichen Wandels und den dadurch veränder-
ten Anforderungen an das Individuum, die mithilfe der Individualisierungsthese
von Ulrich Beck in Kapitel 2.1 näher beschrieben wurden, schon lange überfäl-
lig. Infolgedessen kann weiter erforscht werden, ob die nicht repräsentativ erarbeiteten Ergebnisse der Montessori-Pädagogik aus dieser Arbeit empirisch Bestand haben und sich Konzepte dieser Pädagogik auf öffentliche Schulen über-
tragen ließen, denn: „Es gibt nur eins, was auf Dauer teurer ist als Bildung, keine
Bildung." (John F. Kennedy). Vor dem Hintergrund des in dieser Arbeit behan-
delten Themas lässt sich dazu ergänzen, dass auch keine zeitgemäße Bildung
ein teures Unterfangen ist.

LITERATURVERZEICHNIS

Arbeitsstab Forum Bildung. (2001). *Lernen - ein Leben lang. Vorläufige Emp-fehlungen und Expertenbericht.* Bonn. Abgerufen am 15.01.2015 von http://www.pedocs.de/volltexte/2008/188/pdf/band09.pdf

Beck, U. (1986). *Risikogesellschaft: auf dem Weg in eine andere Moderne* (1. Aufl., Erstausg). Frankfurt am Main: Suhrkamp.

Bund-Länder-Kommission für Bildungsplanung und Forschungsförderung. (2004). *Strategie für lebenslanges Lernen in der Bundesrepublik Deutschland* (Heft 115). Bonn: BLK, Geschäftsstelle.

Dietsche, B. & Meyer, H. H. (2004). *Literaturauswertung Lebenslanges Lernen und Literaturnachweis zur Literaturauswertung Lebenslanges Lernen. Anhang 3 und Anhang 4 zur Strategie für Lebenslanges Lernen in der Bundesrepublik Deutschland.* Bonn: Deutsches Institut für Erwachse-nenbildung. Abgerufen am 15.01.2015 von http://www.pedocs.de/voll-texte/2010/1516/pdf/1516dietsche04_02_D_A.pdf

Dresing, T. & Pehl, T. (2011). *Praxisbuch Transkription: Regelsysteme, Soft-ware und praktische Anleitungen für qualitative ForscherInnen.* Mar-burg: Eigenverlag.

Fend, H. (1980). *Theorie der Schule.* München ; Wien ; Baltimore: Urban und Schwarzenberg.

Fischer, R. (1982). *Lernen im non-direktiven Unterricht: eine Felduntersuchung im Primarbereich am Beispiel der Montessori-Pädagogik.* Frankfurt am Main: P. Lang.

Glaser, B. G. & Strauss, A. L. (1967). *The discovery of grounded theory: Strat-egies for qualitative research.* New York: Aldine de Gruyter.

Glaser, B. G. & Strauss, A. L. (1979). Die Entdeckung gegenstandsbezogener Theorie: Eine Grundstrategie qualitativer Sozialforschung. In C. Hopf & E. Weingarten (Eds.), *Qualitative Sozialforschung.* Stuttgart: Klett-Cotta.

Hof, C. (2009). *Lebenslanges Lernen: Eine Einführung.* Stuttgart: Kohlhammer.

Humboldt, W. (1792). Ideen zu einem Versuch, die Grenzen der Wirksamheit des Staats zu bestimmen. PDF-Version: www.mises.de. Abgerufen am 15.01.2015 von http://docs.mises.de/Humboldt/Humboldt_Grenzen_des_Staates.pdf

Humboldt, W. (1986). Theorie der Bildung des Menschen. Bruchstück. I. Klassische Probeformulierungen. In *Allgemeine Bildung: Analysen zu ihrer Wirklichkeit. Versuche über ihre Zukunft.* Weinheim/München: Juventa-Verlag.

Hyun, H.-W. (2011). *Montessoripädagogik im Anfangsunterricht: ein Vergleich Korea, Kanada und Deutschland.* Kovač, Hamburg.

Liebenwein, S., Barz, H. & Randoll, D. (2013). *Bildungserfahrungen an Montessorischulen Empirische Studie zu Schulqualität und Lernerfahrungen.* Wiesbaden: Springer Fachmedien.

Lohaus, A. & Vierhaus, M. (2013). *Entwicklungspsychologie des Kindes- und Jugendalters für Bachelor Lesen, Hören, Lernen im Web.* Berlin, Heidelberg: Springer.

Ludwig, H., Fischer, C. & Fischer, R. (Hrsg.). (2001). *Leistungserziehung und Montessori-Pädagogik: Chancen und Probleme der Leistungsförderung in einer kinderorientierten Pädagogik* (Band 5). Münster: Lit.

PISA-Studie. (n.d.). Abgerufen am 15.01.2015 von http://www.bpb.de/politik/hintergrund-aktuell/174546/pisa-studie

Strauss, A. L. & Corbin, J. M. (1996). *Grounded Theory: Grundlagen Qualitativer Sozialforschung* (1. Auflage). Weinheim: Beltz/PVU.

Suffenplan, W. (2006). Die Lernstände von Montessori-Klassen bei VERA 2004. Abgerufen am 15.01.2015 von http://www.montessori-vereinigung.de/pdf/vera.pdf

Tuschling, A. (2004). Lebenslanges Lernen. In U. Bröckling, T. Lemke & S. Krasmann (Hrsg.), *Glossar der Gegenwart* (S. 152 – 158). Frankfurt/M.

Witzel, A. (1985). Das problemzentrierte Interview. In G. Jüttemann (Hrsg.), *Qualitative Forschung in der Psychologie: Grundfragen, Verfahrensweisen, Anwendungsfelder* (pp. 227–255). Weinheim: Beltz. Abgerufen am 15.01.2015 von http:// nbn-resolving.de/urn:nbn:de:0168-ssoar-5630

Witzel, A. (2000). Das problemzentrierte Interview. *Forum: Qualitative Sozial-forschung / Forum: Qualitative Social Research, Vol. 1, No. 1, Art. 22*, 9. Abgerufen am 15.01.2015 von http://www.qualitative-research.net/index.php/fqs/article/view/1132

ANHANG 1: Interviewleitfaden

- *Begrüßung und Dank für die Zeit*
- *beruflichen Werdegang, schulische Vorbildung, Studium etc. erfragen, extra Kurzfragebogen*

Fragebogen (Lehrerin)

Studium in: ....
sonstige Berufe: ....
Als Lehrerin tätig seit: ....
An dieser Schule tätig seit: ....
Unterrichtsfächer an dieser Schule: ....
Eigene schulische Erfahrungen an Montessori-Schulen (selbst auf einer Montessori-Grundschule etc.?): ....

- *offene Einleitung und Fragen:*

Die Gesellschaft hat sich in den letzten 250 Jahren, seit dem Beginn der Schule, rasant entwickelt bzw. verändert, durch den ständigen Fortschritt und die Globalisierung stehen den Menschen heutzutage ganz andere Probleme oder Aufgaben gegenüber als vor 100 *(Beginn Montessori...)* oder 250 *(Beginn Schule)* Jahren. Welche Voraussetzungen schafft die Montessori-Pädagogik, als ein Konzept, das seinen Ursprung vor 100 Jahren hatte, für den Lebensweg ihrer Schüler?

Wie würden Sie einen Schüler beschreiben, der diese Montessori-Schule besucht hat und „ins Leben startet", was nimmt er mit, wie ist er „ausgestattet" und womit haben Sie bzw. die Montessori-Pädagogik dazu beigetragen?

- *erzählen lassen.... ggf. nachfragen „wie macht sich das bemerkbar" warum...*
- *evtl. direktes begrenzendes Nachfragen (wenn IP noch nicht davon erzählt hat):*

Welchen Bildungshintergund (hinsichtlich des familiären Umfeldes) haben die Schüler an der Montessori-Schule?

- Müssen die Schüler bestimmte Voraussetzungen mitbringen?
- Gibt es auch Schüler aus „sozial- oder bildungsbenachteiligten" Familien?

Was verstehen Sie unter Lebenslangem Lernen, ist Ihnen dieses Konzept ein Begriff?

Wie schätzen Sie die Voraussetzungen eines Montessori-Schülers zum lebenslangen Lernen ein und warum?

Welche Einstellungen zum Lernen/zur Bildung und welche Lern- bzw. Bildungseigenschaften hat Ihrer Meinung nach ein Montessori-Schüler?

- *sich nochmals für das Interview bedanken*
- *Datenschutzerklärung übergeben*
- *verabschieden*
- *Post Scriptum*

ANHANG 2: Transkriptionsregeln

Bei der Transkription des problemzentrierten Interviews nach Witzel (2000) und für dessen Auswertungsmethode, der Grounded Theory nach Corbin und Strauss (1996), liegt der Fokus dieser Forschungsarbeit auf dem Gesprächsinhalt. Aus diesem Grund wird im Folgenden das einfache Transkriptionssystem nach Dresing und Pehl (2013, S. 20ff.) als Regelrahmen genutzt und nach forschungspragmatischen Gesichtspunkten verändert:

- Das Interview wird wörtlich transkribiert und Dialekte werden ins Hochdeutsche übersetzt.

- Wortverschleifungen, wie „nen" werden an das Schriftdeutsch angenähert, wobei die Satzform, auch wenn sie syntaktische Fehler beinhaltet, beibehalten wird.

- Wortdoppelungen werden erfasst. „Ganze" Halbsätze und Wortabbrüche, denen die Vollendung fehlt, werden mit dem Abbruchzeichen / gekennzeichnet.

- Verständnissignale des gerade nicht Sprechenden wie „mhm, aha, hm, ähm" etc. und Pausen werden nicht transkribiert.

- Jeder Sprecherbeitrag erhält eigene Absätze. Zwischen den Sprechern gibt es eine freie, leere Zeile.

- Emotionale nonverbale Äußerungen der befragten Person und des Interviewers, die die Aussage unterstützen oder verdeutlichen (etwa wie lachen oder seufzen), werden beim Einsatz in Klammern notiert.

- Wird ein Wort oder Satzteil vermutet, ist dies in eine eckige Klammer gesetzt.

- Die interviewende Person wird durch ein „I:", die befragte Person durch ein „L:" (für Lehrerin) gekennzeichnet.

ANHANG 3: Transkription des Interviews

1   I: *Ja, schön, dass Sie sich Zeit genommen haben. Dann fangen wir mal an. Sie*
2   *wissen ja grob Bescheid, um was es geht und dass Ihre Meinung wichtig ist.*
3
4   L: Ja, okay.
5
6   I: *Die Gesellschaft hat sich ja seit es die Schule gibt, seit also 250 Jahren (das*
7   *Fenster wird aufgrund des Baulärms draußen geschlossen)*
8   *Also, seit dem Beginn der Schule, seit 250 Jahren hat sich die Gesellschaft*
9   *rasant entwickelt und durch die Globalisierung und den Fortschritt stehen den*
10   *Menschen heutzutage ja ganz andere Probleme und Aufgaben gegenüber als*
11   *eben vor 250. Wie kann die Montessori-Pädagogik Ihrer Meinung nach als ein*
12   *Konzept, das seinen Ursprung vor 100 Jahren hatte, Voraussetzungen schaf-*
13   *fen, damit die Schüler ihren Lebensweg optimal gehen können?*
14
15   L: Frau Montessori hat schon 1938, glaube ich, ganz treffend formuliert: ‚Wir
16   sind sozusagen überhaupt nicht im Stande die Kinder mit dem Wissen von mor-
17   gen zu füttern, weil das Fachwissen was sie haben werden, unseres schon bei
18   weitem übersteigt, geschweige denn, das was noch kommen wird. Wir können
19   sie nur mit der Flexibilität ausstatten auf alle Eventualitäten vorbereitet zu sein.‘
20   Ich glaube, dass ist auch das was wir machen können und was wir versuchen
21   zu tun.
22
23   I: *Wie würden Sie einen Montessori-Schüler beschreiben der die Schule hier*
24   *besucht hat und dann ins Leben startet, ja mit was ist er ausgestattet und womit*
25   *hat die Montessori-Pädagogik dazu beigetragen?*
26
27   L: Den Idealfall?
28
29   I: *Ja so vielleicht ein paar Schüler beschreiben - ja den Idealfall, also auf was*
30   *sie hinarbeiten? Wie ist er kompetenztechnisch ausgestattet?*
31
32   L: Das wäre wünschenswert, dass die Freude am Lernen mit der die Kinder
33   eigentlich fast alle noch anfangen irgendwie erhalten bleibt oder wieder, meis-
34   tens wieder entfacht wird, weil die war in der Regel schon mal hinüber, zwi-
35   schendurch. Ein Mindestmaß an Allgemeinbildung und das Lernen-können,
36   also wissen sozusagen, wie sie selber ticken, wie sie selber funktionieren, wie

37   sie sich anderes Wissen wo und wann aneignen. Vor allem einen Willen entwi-
38   ckelt zu haben, überhaupt irgendetwas zu wollen, nicht darauf zu warten, dass
39   irgendjemand [Ihnen vorschreibt:] ‚Du sollst oder du darfst nicht.‘
40   Er ist quasi fit sein Leben zu meistern, also ist/ er kennt sich, weiß irgendwie
41   über seine Stärken und Schwächen Bescheid, weiß wie er sich orientieren kann
42   und wie er sich zur Not eben in einer Situation, die auf ihn zukommt, die unbe-
43   kannt ist oder so oder die nicht angenehm ist eben klar kommen kann.
44
45   I: *Und wie genau macht gerade die Montessori-Pädagogik diese Eigenschaften*
46   *aus Ihrer Sicht möglich?*
47
48   L: Es gibt verschiedenen Elemente die das begünstigen. Das eine ist eben die
49   freie Wahl, dass jeder Schüler im weiten Rahmen zumindest die Möglichkeit hat
50   zu entscheiden, mit wem arbeite ich, woran arbeite ich, wo und wann, was. Dies/
51   das selbstbestimmte Lernen, dass eben sehr viele Inputs sozusagen von den
52   Kindern kommen können und auch wirklich irgendwie der Unterricht dem Rech-
53   nung trägt. Und das ist ein vernetztes Lernen, also es gibt nicht das Fächerden-
54   ken, sondern es ist zum Beispiel die kosmische Erziehung. Die gibt es ja bei
55   uns, bei den kleinen Kindern in Normal-Grundschulen als Sachkunde, aber die-
56   ser kosmische Gedanke geht im Grunde über die Sprachen und alle Naturwis-
57   senschaften und alles flächendeckend hinaus.
58   Und es gibt hier Material, was quasi die Schüler unabhängig macht von den
59   Lernbegleitern, also das es/ das sie nicht davon abhängig sind wann jemand
60   anderes mir was erklärt oder meint mir was erklären zu möchten, sondern dass
61   sie quasi möglichst viel die Möglichkeit haben selbstbestimmt sich das anzueig-
62   nen, durch vorbereitetes Material, vorbereitete Umgebung.
63
64   I: *Gut, welchen Bildungshintergrund haben die Schüler an der Montessori-*
65   *Schule? Ist es sehr gemischt, gibt es auch Schüler aus sozial- oder bildungs-*
66   *benachteiligten Familien und was für Voraussetzungen müssen die Schüler hier*
67   *in aller Regel mitbringen?*
68
69   L: Also [es] ist natürlich alleine schon, sage ich mal so blöd, so ist es leider,
70   durch Schulgeld eingeschränkt. Wir haben aber keine andere Möglichkeit als
71   freie Schule, weil wir nicht voll finanziert werden vom Staat. Daher gibt es ein-
72   fach eine gewisse Einschränkung, die ist da, die kann man auch nicht wegleug-
73   nen quasi. Es wird versucht das so zu gestalten, dass es eben dann Einzelab-
74   kommen mit bestimmten Eltern oder so gibt. Das setzt aber erstmal voraus,
75   dass die überhaupt das wollen und sich da engagieren wollen. Von daher hat

76 man ein ausgewähltes Klientel. Das kann man nicht abstreiten, das ist einfach
77 so.
78 Die Zielgruppe sind schon meistens eher mehr bildungsnahe Elternhäuser als
79 bildungsferne Elternhäuser.
80 Eltern, die sich überhaupt darüber Gedanken machen, welche Qualität und wel-
81 che Kriterien eine Schule erfüllt oder welche nicht. Das hat aber auch eine
82 Schule wie zum Beispiel, die Kwinoa-Schule im Wedding, die ohne Eltern- oder
83 mit sehr geringen Elterngeld arbeitet und eben im Wedding ist. Also die haben
84 das ähnlich, die haben einen kleineren oder einen geringeren/ [eine] geringere
85 Hemmschwelle auf die Schule zuzugehen, weil sie eben einfach weniger Schul-
86 geld haben. [Die] haben dann aber wieder das Problem, dass sie Sponsoren
87 von außen brauchen und das halt nicht so einfach finanzierbar ist.
88
89 I: *Wie gestaltet sich bei Ihnen die Auswahl der Schüler?*
90
91 L: Die machen bei uns eine Hospitation. Also wir entscheiden nicht nach Zeug-
92 nissen oder nach Bildungsempfehlungen oder irgendwas. Die müssen bei uns
93 jetzt in diesem/ letztes Jahr eine Woche, jetzt letztes Jahr einen Tag, dieses
94 Jahr jetzt eine Woche müssen sie bei uns hospitieren. Die bewerben sich ganz
95 normal schriftlich und werden dann zu Hospitation eingeladen und sind eine
96 Woche hier und dann treffen wir die Entscheidung und das Kind auch.
97
98 I: *Und nach welchen Kriterien treffen sie da die Entscheidungen?*
99
100 L: Erstens ob wir dem Kind wirklich zutrauen hier klar zu kommen, also ob wir
101 die Möglichkeit sehen, dass es hier ankommt. Dann, ob es das selber will,
102 selbstbestimmt lernen oder die Eltern das wollten - großer Unterschied - das ist
103 ein großes Kriterium. Und dann auch nach dem Kriterium passt es in die
104 Gruppe. Also ist es ist/ da entscheiden wir zum Beispiel auch bei inklusiv zu
105 beschulenden Kindern, wieviel kann das System tragen. Also das System trägt
106 zurzeit eine Menge und wir merken einfach wo die Grenze ist und die müssen
107 wir halt zu Gunsten aller sozusagen wahren. Das hat dann mit der Gruppe zu
108 tun und nicht mit dem individuellen Kind. Prinzipiell sind ja laut Konzept, der
109 Inklusion keine Grenzen gesetzt, aber wir entscheiden jedes Jahr und jedes
110 Halbjahr aufs Neue, verträgt die und die Lerngruppe jetzt noch zwei oder drei
111 oder eben nicht.
112
113 I: *Ja, was verstehen sie unter lebenslangen Lernen, ist das Konzept Ihnen ein*
114 *Begriff?*

115

116 L: Na das ja/ das verstehen wir insofern, dass wir quasi darauf vorbereiten, dass

117 a) die Lust am Lernen überhaupt erhalten bleibt. Also, dass man überhaupt le-

118 benslang lernen möchte und dass man nicht sagt: ‚Oh jetzt ist die Schule end-

119 lich vorbei. Danke - Tschüß, jetzt bitte nie wieder.' Und b) als nächstes sie dahin

120 zu befähigen, dass sie wirklich lebenslang lernen können. Also, dass sie sich

121 eben selbst Sachen aneignen können, selbst Lernstrategien haben und eben

122 nicht darauf angewiesen sind, weil das richtige Bildungsangebot gibt es ja nicht

123 immer. Dass man einfach da offen bleibt und dass man auch bereit ist sich

124 sozusagen Lernprozessen auszusetzen. Nicht jenseits der 25 den Fortbildungs-

125 betrieb einstellen [will], weil man nicht den Studienplatz bekommen hat, den

126 man mal wollte. Aber das ganze Lernsystem hier wiederspricht dem.

127 Dann sind wir aber halt trotzdem, sozusagen im Gegenzug (kleines lachen) -

128 lebenslanges Lernen hin oder her, wir sind trotzdem daran gebunden ihnen halt,

129 also sie halt auf einen Abschluss vorzubereiten. Ein Abschluss hat aber leider

130 nichts mit Anschluss zu tun. Also das/ in dem Dilemma stehen wir hier quasi

131 tagtäglich.

132

133 I: *Und gerade in dem Bezug nochmal, wie schafft es da die Montessori-Schule*

134 *aus Ihrer Sicht im Gegensatz zu Regelschulen diese Voraussetzungen für das*

135 *lebenslange Lernen, den Schülern zu ermöglichen?*

136

137 L: Indem wir zum Beispiel Strukturen anders gestalten. Indem wir schon einmal

138 nicht ihnen einen festen Stundenplan vorgeben: ‚Du sollst dann und dann da

139 und dort sein und da erzählt dir der der das und das....' Sondern sie schrei-

140 ben sich ihren Stundenplan selber. Also wir bieten Ange/ machen Angebote,

141 was wir wann ihnen könn/ beibringen kön/ darbieten könnten. Ähnlichkeit mit

142 einem Vorlesungsverzeichnis. Und sie schreiben sich quasi für die Kurse ein

143 und haben dann auch noch genug Zeit zu freien Zeiten Ansprechpartner zu

144 haben, die sie fragen können.

145

146 I: *Und dieses selbstgestaltete Lernen... können Sie vielleicht darüber noch ein*

147 *bisschen erzählen?*

148

149 L: In der Regel gibt es zum Beispiel, wenn eine Aufgabe gestellt ist, machen wir

150 wenn es möglich ist, keine Vorschriften, wie sie zu lösen. Also wenn man

151 sich jetzt mit der Genetik be/ befasst und die Grundzüge der Genetik irgendwie

152 wiedergeben möchte, kann man daraus ein Plakat machen, einen Vortrag, ein

153 Power-Point, einen Fließtext, ein Interview, wie auch immer. Also die Aufgabe

154 heißt nicht: ‚Löse das Arbeitsblatt und fertige eine Skizze an!', sondern die Auf-
155 gabe heißt: ‚Gebe deinen Mitschülern das so wieder, dass es verständlich ist.'
156 Und damit ist die Bandbreite einfach größer, viel größer. Oder wir bieten ver-
157 schiedene Sachen zur Erarbeitung an. Also gibt es zum Beispiel als Stunden-
158 ziel, kannst du am Ende erklären was eine Mutation ist und dann bieten wir
159 verschieden Materialien an und am Ende finden wir uns im Kreis zusammen
160 und besprechen mit ihm, wie er jetzt Mutation versteht. Also das es nichts, kaum
161 vorgefertigte Sachen gibt oder du sagst: ‚Das und das muss jetzt so und so
162 bearbeitet werden.'
163
164 I: *Wie gehen Sie dabei mit Schwierigkeiten bei den einzelnen Schülern um, wie*
165 *motivieren Sie?*
166
167 L: Na erstmal haben wir die glorreiche Situation als Lernbegleiter, dass die dort
168 alle freiwillig sitzen. Keiner muss in meinem Mathekurs sitzen, der da gerade
169 überhaupt keinen Nerv darauf hat und denkt, er versteht sowieso nichts. Dann
170 geht er einfach woanders hin oder er bucht ein Vierteljahr später nochmal und
171 die, die es gar nicht wollen sind schon mal von vornherein gar nicht erst erschie-
172 nen. Die gehen einfach in einen anderen Kurs. Und kleine Motivationshänger
173 sind zu überwinden. Nur dieses totale: ‚Was soll ich überhaupt hier? Es macht
174 alles gar keinen Sinn.' - das entfällt eigentlich im Vorfeld. Na und auch durch
175 eine hohe methodische Bandbreite, die einfach dadurch denn gegeben ist oder
176 die dadurch schon erstrebt ist, weil sie ja quasi verschiedene Methoden und so
177 weiter kennenlernen sollen. Es geht ja eben um das Lernen und der Inhalt ist
178 quasi immer nur ein Stück, an dem man es ausprobieren kann, wie man denn
179 jetzt was lernt. Wenn ich weiß, jemand hat extreme Schwierigkeiten einen zwei-
180 seitigen Zeitungsartikel durchzulesen und daraus Informationen zu ziehen, weil
181 es eben diese Hardware sozusagen fehlt, dem biete ich etwas anderes an, wie
182 er sich das Phänomen der Mutation aneignen kann. Es geht ja auch über Skiz-
183 zen und Filmchen. Und ich kann ihm zum Beispiel den Ratschlag geben: ‚Gehe
184 doch mal ins Angebot zu "..." zu Deutsch und gucke mal. Ich bin jetzt kein
185 Deutschexperte, aber das wäre ein Ding, wo du mal daran arbeiten könntest.
186 Weil einen Fließtext zu verstehen, wäre schon irgendwann mal ein Ziel. Also,
187 dass wir darüber, wenn wir irgendwo merken, da fehlen Kompetenzen, die ein-
188 fach wichtig sind, dass wir dann sozusagen zu dem entsprechenden Lernbe-
189 gleiter vermitteln.
190
191 I: *Und da finden sich für jedes Kind, für jeden Schüler Möglichkeiten an Lö-*
192 *sungswegen oder gibt es auch Schwierigkeiten, die nicht gelöst werden? Oder*

193 *wie sichern Sie für jeden Schüler den Bildungserfolg, der ja auch teilweise vor-*
194 *geschrieben ist?*
195
196 L: Es gibt immer noch die Kinder, die sozusagen an den völ/ Grundvorausset-
197 zungen scheitern, indem sie zum Beispiel keinen Fließtext lesen oder schreiben
198 können. Das ist natürlich egal, ob du dich mit Geo, mit Religion, mit irgendwas
199 beschäftigst eine extrem schwierige Voraussetzung. Aber dann bauen wir so-
200 lange Brücken bis das Kind auch da angekommen ist einen Text lesen zu kön-
201 nen. Und solange das Kind nicht für sich irgendwie das Ziel hat, das lernen zu
202 wollen, weil es da eben immer wieder, wenn es andere Wege gibt, die es dann
203 beschreiten kann, dann ist es auch okay. Also wenn es für sich nie sagt: ‚Nein,
204 ich will jetzt unbedingt lernen eben einen Fließtext zu lesen.' oder so, ne. Bei
205 manchen ist das auch eher dann oder teilweise am Ende diese Abschlussfixie-
206 rung, dass zum Beispiel: ‚Oh, okay das brauchen wir ja doch für einen MSA. Da
207 muss ich das jetzt wohl mal lernen.' Das [ist] aber eigentlich nicht die von uns
208 gewollte Motivation, sondern die Motivation ist a) ‚Ich will in der rechts/ in der
209 Welt zurechtkommen, also muss ich jetzt mal das und das lernen.', weil sonst
210 geht es nicht. Ich kann nicht irgendwie, weiß jetzt grad nicht wo man Fließtextle-
211 sen braucht, aber wahrscheinlich spätestens wenn man studieren will oder ir-
212 gendwas, müsste man mal einen Fließtext lesen können. Also, dass es ir-
213 gendwo merkt, es braucht diese Kompetenz und dann von sich aus sozusagen
214 beschließt daran jetzt zu arbeiten, sich das vorzunehmen, das zu erreichen,
215 weil dann wird sie es auch lernen, dann lernt sie es auch wesentlich schneller,
216 als wenn ich dir sage, du musst jetzt/ du musst jetzt das und das. Und diese
217 Erkenntnis, dass ich irgendwann den Rest meines Lebens diese Kompetenz
218 brauche, kommt in der Regel auch nicht mit 11 Jahren in der sechsten Klasse,
219 sondern vielleicht mitten in der neunten Klasse, wenn man zum ersten Mal in
220 irgendeinen Beruf reingeguckt hat und gedacht [hat]: ‚Oh Gott, ich brauch ja
221 schon 20 Minuten für die Anleitung!' Das man dann irgendwann die Überset-
222 zung im Kopf kriegt wofür man das braucht. ‚Ich brauche das nicht, weil es
223 siebte Klasse Lehrplan ist', sondern: ‚Ich brauche das, weil ich denke, ich
224 möchte das werden oder ich interessiere mich für irgendwas wofür es/ wo es
225 nicht ohne geht.' Und als Werkzeug haben wir da zum Beispiel für die Schüle-
226 rinnen und Schüler die Kompetenzraster, wo sie halt sehen, was sie genau jetzt
227 schon können und was sie noch nicht können und wo sie noch dran arbeiten
228 können.
229
230 I: *Wie funktioniert das genau?*
231

232   L: Sollen wir eins holen (lacht)

233

234   I: *Am besten doch theoretisch erklären...*

235

236   L: Okay. Also Kompetenzraster drückt aus, was ich alles lernen könnte. Das
237   steht da alles drauf. Das gibt es für verschieden Fachbereiche. Dann sind diese
238   Bereiche eben nochmal in Unter/ Unterbereiche unterteilt, wie zum Beispiel in
239   Deutsch - schreiben, lesen, Textverständnis, Rechtschreibregeln, Grammatik.
240   Genau. Also alles Mögliche gibt es dort und immer wenn der Schüler eine Leis-
241   tung erbracht hat, also entweder etwas bearbeitet hat oder nachgewiesen hat,
242   er hat dort und dort etwas gelernt oder er hat einen Test gemacht oder wir haben
243   irgendwo das beobachtet, bekommt er das mit einem Punkt in dem Kompetenz-
244   raster quasi bestätigt. Sodass er fortlaufend sieht und immer bestätigt bekommt,
245   ‚Ah - das mache ich, das mache ich, das mache ich, das mache ich.' Der Sinn
246   dahinter ist, dass der Schüler irgendwann sagt: ‚Okay, jetzt will ich aber mal das
247   nächste können. Habe ich mich im Niveaubereich drei aufgehalten seit einem
248   halben Jahr, jetzt würd ich gerne mal hier weiter.'

249

250   I: *Also damit die Schüler sowohl an Ihren Stärken und auch an ihren Schwächen*
251   *arbeiten?*

252

253   L: Ja, aber/ na eher an sozusagen einem neuen Ziel. Also, dass sie/ Schwäche
254   würde ich es ja nicht nennen, das ist einfach eine Kompetenz, die du halt noch
255   nicht hast, ne. Es gibt Kompetenzen, die hast du, die zeigst du, da hast du zum
256   Beispiel was dir selbst beigebracht. Also, wenn ich jetzt im Lernnachweis dort
257   nachweise, also einen orangen Punkt - bei uns haben die alle sozusagen Farb-
258   kodierung - und wenn ich jetzt gezeigt hab, dass ich selbst in einem Bereich mir
259   was beigebracht habe und dann vielleicht mit ein paar Tests oder irgendwo
260   durch Beobachtung nachgewiesen habe: ‚Ja das kann ich, die Kompetenz habe
261   ich.', dass dann eigentlich das Ziel von jedem ist, da gehen wir von aus, weil
262   man sich einfach weiterentwickeln möchte, das ist ein Grundbedürfnis jedes
263   Menschen, dass er sagt: ‚Okay jetzt wage ich mich mal an das nächste, das
264   kann ich jetzt sicher.'

265

266   I: *Gut, dann zum Abschluss noch eine Frage, welche Einstellungen zum Lernen*
267   *oder welche Bildungseigenschaften haben die Montessori-Schüler aus Ihrer*
268   *Sicht? Vielleicht auch wieder im Vergleich zu Regel-Schülern, wenn Sie das so*
269   *vergleichen können.*

270

271 L: Für mich ist das immer schon so normal. Ich muss dann da kurz mal zurück-
272 überlegen, wie es bei den anderen eigentlich immer so ist. Ich kann mir das gar
273 nicht mehr so richtig vorstellen (lacht), dass es so rum auch noch sowas gibt.
274 Also das gibt es ja noch zu Hauf.
275 Ganz vorne an, nicht für die Fremdbewertung sozusagen zu arbeiten, sondern
276 für die eigene Zufriedenheit oder für das eigene Ziel. Ich arbeite nicht, damit ich
277 eine zwei bekomme, sondern ich arbeite, weil ich das und das können wollte.
278 Und auch einen Test schreibe ich hier zum Beispiel, um zu wissen, wo ich stehe.
279 Ich schreibe hier einen Test nicht, um irgendeine bestimmte Benotung zu erhal-
280 ten oder um irgendwie dem Lehrer das Gefühl zu geben, er hat es mir beige-
281 bracht. Ja egal, also ein Test dient hier dafür, um die Rückmeldung zu geben:
282 ‚Das und das kannst du und das und das sind noch deine Baustellen.‘ Ja, also
283 immer eine individuelle Rückmeldung für den Schüler, womit er auch was an-
284 fangen kann, damit er halt quasi auch selbst irgendwie sein Lernlehrplan [hat],
285 denn wenn ich gar nicht weiß, was könnte ich denn alles lernen oder was kann
286 ich denn schon und was kann ich noch nicht, ja, dann kann ich das schlecht
287 selbst planen. Die schleppen auch ihre Kompetenzraster den ganzen Tag mit
288 sich rum. Die liegen nicht bei uns. Also ich kann jetzt aus dem Stehgreif nicht
289 sagen, welcher von meinen Coachingkindern in Deutsch im Niveaubereich drei
290 schreiben sich befindet, sondern die haben immer das Ding zur Hand und die
291 könnten jederzeit nachgucken: ‚Mathe bin ich bei drei Punkten und vier/.‘ Es
292 gibt zum Beispiel sowas, das sind noch vor allen Dingen noch Leute, die von
293 anderen Schulen kommen, so siebte Klasse, die kommen dann zum Beispiel
294 ins Matheangebot: ‚Ich will/ ich will was in Mathe machen.‘ Naja meistens geht
295 es schon so weit. ‚Ich will was in Mathe machen.‘ ‚Ja gut, dann hole mal dein
296 Kompetenzraster und dann gucken wir mal.‘ Dann holt der das und dann sehen
297 wir halt: ‚Okay guck mal, hier hast du schon einen Test gemacht.‘ Jetzt gucken
298 wir uns mal den Test: ‚Ach guck mal, da haben wir festgestellt die und die Bau-
299 stellen gibt es. So dann könntest du damit jetzt arbeiten.‘ Geht also nicht darum
300 irgendwie, irgendwas in Mathe zumachen. Ist auch nicht der Rahmenlehrplan
301 ausschlaggebend. Also ich frage den nicht: ‚Wie alt bist du denn?‘ , ‚Acht/ achte
302 Klasse.‘ ‚Okay, du musst jetzt das und das lernen.‘ Sondern ich gucke, wo steht
303 der und mache da weiter.
304
305 I: *Gut, das waren meine Fragen für das Interview. Vielen Dank*

ANHANG 4: Kurzfragebogen der IP

Alter: 38 Jahre

Studium: Sonderpädagogik, Gehörlosen- und Sprachheilpädagogik plus
                Biologie

Werdegang: - seit Sommer 2012 an der Schule
                - vorher an der JVA unterrichtet (externer HS) &
                - in einer Montessori-Grundschule
                - Montessori-Ausbildung(-Diplom) abgeschlossen

Position: Lernbegleiterin für die Sek I (Deutsch)

Keine eigenen schulischen Erfahrungen als Schüler/in auf einer Montessori-
Schule.

ANHANG 5: Postscriptum

Das Interview fing später an, da die Interviewperson noch einen anderen Termin wahrnehmen musste. Die Situation war anfänglich recht unentspannt. Es gingen immer wieder Personen rein- und raus, was die Konzentration auf beiden Seiten schwierig machte. Die Interviewperson schien angespannt. Auch nach dem Interview ging für sie der Schulalltag sofort weiter, was eine Verabschiedung schwierig machte, es wurde zwar ein kleines Präsent überreicht und sich auch herzlich bedankt, allerdings blieb die Situation weiterhin angespannt und die Interviewperson wirkte etwas gestresst.

ANHANG 6: Offenes Kodieren – Konzepttabelle

Tabelle 1: Offenes Kodieren - Konzepttabelle (eigene Darstellung)

ZN	Textstelle	Konzept
16-21	Wir sind sozusagen überhaupt nicht im Stande die Kinder mit dem Wissen von morgen zu füttern […]. Wir können sie nur mit Flexibilität ausstatten, auf alle Eventualitäten vorbereiten.	Kompetenz vor Wissen
32-34	[…] die Freude am Lernen […] irgendwie erhalten bleibt oder meistens wieder entfacht wird […].	Freude am Lernen
35	[…] Mindestmaß an Allgemeinbildung […]	Allgemeinbildung
35-37	[…] das Lernenkönnen […], wie sie sich anderes Wissen wo und wann aneignen.	Lernkompetenz
36	[…] wie sie selber ticken, wie sie selber funktionieren […]	Selbsteinschätzung/Reflexivität
37-39	[…] einen Willen entwickelt zu haben, überhaupt etwas zu wollen, nicht darauf zu warten, dass irgendjemand [ihnen vorschreibt:] ‚Du sollst oder du darfst nicht.'	Selbstbewusstsein
40-41	[…] ist quasi fit sein Leben zu meistern […] er kennt sich, weiß irgendwie über seine Stärken und Schwächen Bescheid	Selbsteinschätzung/Reflexivität
41-43	[…] weiß, wie er sich orientieren kann und wie er sich zu Not eben in einer Situation […] die unbekannt ist […] oder die nicht angenehm ist eben klar kommen kann.	Problemlösungsfähigkeit
48-50	[…] freie Wahl, dass jeder Schüler […] die Möglichkeit hat zu entscheiden, mit wem arbeite ich, woran arbeite ich, wo und wann, was.	Förderung der Eigenverantwortung durch Wahlfreiheit beim Arbeiten

51-53	Das selbstbestimmte Lernen, das eben sehr viele Inputs sozusagen von den Kindern kommen können und [...] der Unterricht dem Rechnung trägt.	Förderung des selbstbestimmten Lernens im Unterricht
53-54	[...] das ist ein vernetztes Lernen, also es gibt nicht das Fächerdenken [...]	Förderung des vernetzten Lernens ohne Fächerdenken
54-57	[...] kosmische Erziehung. Die gibt es ja bei uns, [...] dieser kosmische Gedanke geht im Grunde über die Sprachen und alle Naturwissenschaften und alles flächendeckend hinaus.	kosmische Erziehung
58-60	Und es gibt hier Material, was quasi die Schüler unabhängig macht von den Lernbegleitern [...]	Material-Bereitstellung zur selbstbestimmten Bearbeitung
61-62	[...] dass sie quasi möglichst viel die Möglichkeit haben selbstbestimmt sich das anzueignen, durch vorbereitetes Material, vorbereitete Umgebung.	Schaffung von selbstbestimmten Möglichkeiten durch Material und Umgebung
69-70	[...] durch Schulgeld eingeschränkt	Schulgeld
70-71	[...] keine andere Möglichkeit als freie Schule, weil wir nicht voll finanziert vom Staat	Druck der Finanzierung freier Schulen
74-75	Das setzt aber erstmal voraus, dass die [Eltern] überhaupt [...] sich da engagieren wollen.	Voraussetzung Elternengagement
76	[...] hat man ein ausgewähltes Klientel.	ausgewähltes Klientel
78-79	Die Zielgruppe sind schon meistens eher mehr bildungsnahe Elternhäuser als bildungsferne Elternhäuser.	mehr bildungsnahe als bildungsferne Elternhäuser
80-81	Eltern, die sich überhaupt Gedanken machen, welche Qualität und welche Kriterien eine Schule erfüllt oder welche nicht.	Eltern, die sich über Qualität und Kriterien

		der Schule Gedanken machen
85-87	[...] weniger Schulgeld haben. [Die] haben dann aber wieder das Problem, dass sie Sponsoren von außen brauchen [...].	weniger Schuldgeld bedeutet Sponsoren
91	Die machen bei uns eine Hospitation.	Auswahlverfahren über Hospitation
91-92	[...] wir entscheiden nicht nach Zeugnissen oder nach Bildungsempfehlungen [...].	keine Auswahl nach Zeugnissen oder Empfehlungen
96	[...] dann treffen wir die Entscheidung und das Kind auch.	beiderseitige Wahl nach Probewoche
100-101	[...] ob wir dem Kind wirklich zutrauen hier klar zu kommen, also ob wie die Möglichkeit sehen, dass es hier ankommt.	Eignung des Kindes als Voraussetzung
101-102	[...] ob es das selber will, selbstbestimmt lernen oder die Eltern das wollen [...] das ist ein großes Kriterium.	Wille des Kindes als wichtige Voraussetzung
103-104, 106-107	[...] nach dem Kriterium, passt es in die Gruppe. [...] wir merken einfach wo die Grenze ist und die müssen wir halt zu Gunsten aller sozusagen wahren.	Gleichgewicht der Gruppe wahren
116-119	[..] darauf vorbereiten, dass a) die Lust am Lernen überhaupt erhalten bleibt. Also, dass man überhaupt lebenslang lernen möchte [...].	Motivation durch Lust am Lernen
119-122	[...] sie dahin zu befähigen, dass sie wirklich lebenslang lernen können. Also, dass sie sich eben selbst Sachen aneignen können. [...] selbst Lernstrategien haben [...]	Förderung der Lernkompetenz

123-124	Das man einfach da offen bleibt und dass man auch bereit ist sich sozusagen Lernprozessen auszusetzen	Förderung des Lernen-Wollens
127-129	[...] im Gegenzug - lebenslanges Lernen hin oder her - wir sind trotzdem daran gebunden [...] sie halt auf einen Abschluss vorzubereiten.	Druck der Abschlussvorbereitung trotz LLL
129-131	Ein Abschluss hat aber leider nicht mit Anschluss zu tun. [...] in dem Dilemma stehen wir hier quasi tagtäglich.	Abschluss keine Garantie
137-138	Indem wir schon einmal nicht ihnen einen festen Stundenplan vorgeben: ‚Du sollst dann und dann da und dort sein [...].	kein vorbestimmter fester Stundenplan
139-140	[...] sie schreiben sich ihren Stundenplan selber.	Schüler schreiben Stundenplan selbst
140-142	Also wir [...] machen Angebote, was wir wann ihnen [...] darbieten können. Ähnlichkeit mit einem Vorlesungsverzeichnis.	„Kursangebote" stehen frei zur Verfügung
143-144	[...] haben dann auch noch genug Zeit zu freien Zeiten Ansprechpartner zu haben, die sie fragen können.	freie Zeiten für Schüler zum Fragen
149-150	[...] wenn eine Aufgabe gestellt ist, machen wir wenn es möglich ist, keine Vorschriften, wie sie zu lösen ist.	Förderung von Problemlösungskompetenz
150-153	Also wenn man sich jetzt mit ... befasst und ... irgendwie wiedergeben möchte, kann man daraus ein Plakat machen, einen Vortrag, ein Power-Point, einen Fließtext, ein Interview [...].	Förderung von Kreativ bei einer Aufgabenbewältigung
154-155	[...] die Aufgabe heißt: ‚Gebe deinen Mitschülern das so wieder, dass es verständlich ist.'	Förderung der Reflexionsfähigkeit durch Reproduktion des Erlernten

156-159	[...] wir bieten verschiedene Sachen zur Erarbeitung an. [...] bieten wir verschiedene Materialien an [...]	Angebot an verschiedenen Materialien zur Erarbeitung
159-160	[...] am Ende finden wir uns im Kreis zusammen und besprechen mit ihm, wie er jetzt ... versteht.	Reflexion durch Sicherstellung des Erlernten
167	[...] wir [...] als Lernbegleiter [...]	keine Lehrer sondern Lernbegleiter
167-171	[...] dass die dort alle freiwillig sitzen, keiner muss in meinem Mathekurs sitzen der da grad überhaupt keinen Nerv drauf hat und denkt, er versteht sowieso nicht. Dann geht er einfach woanders hin oder er bucht ein Vierteljahr später nochmal [...]	Möglichkeit nach seiner eigenen Motivation das zu lernen, was man gerade will
175-177	Na und auch durch eine hohe methodische Bandbreite [...] weil sie ja quasi verschiedene Methoden und so weiter kennenlernen sollen	Angebot an einer großen Auswahl an Methoden für die Schüler
177-179	Es geht ja um das Lernen und der Inhalt ist quasi immer nur ein Stück, an dem man es ausprobieren kann, wie man denn jetzt was lernt.	Das „Lernenkönnen" im Fokus vor dem Inhalt.
179-183	Wenn ich weiß, jemand hat extreme Schwierigkeiten ... durchzulesen und daraus Informationen zu ziehen, weil es eben diese Hardware sozusagen fehlt, dem biete ich etwas anderes an, wie er sich ... aneignen kann.	Verschieden Möglichkeiten, wie ein Thema angeeignet werden kann
183-187	Und ich kann ihm [...] den Ratschlag geben: ‚Gehe doch mal ins Angebot zu ‚...' zu Deutsch [...] das wäre ein Ding, wo du mal dran arbeiten könntest, weil ... zu verstehen wäre schon irgendwann mal ein Ziel	erklärende und unterstützende Ratschläge

187-189	[...] wenn wir irgendwo merken, da fehlen Kompetenzen, die einfach wichtig sind, dass wir dann sozusagen zu dem entsprechenden Lernbegleiter vermitteln.	Vermittlung zu anderen Lernbegleitern bei Kompetenzentwicklungsbedarf
200-201	[...] dann bauen wir solange Brücken bis das Kind auch da angekommen ist einen Text lesen zu können.	Andauernde Motivation
201-202	Und solange das Kind nicht für sich irgendwie das Ziel hat, das lernen zu wollen [...]	Wille des Kindes im Fokus
202-203	[...] wenn es andere Wege gibt, die es dann beschreiten kann, dann ist es auch okay.	Offenheit der Möglichkeiten, keinen vorgefertigten Weg
205-208	Bei manchen ist das auch [...] teilweise am Ende diese Abschlussfixierung [...] ‚[...] das brauchen wir ja doch für einen MSA. Da muss ich das jetzt wohl lernen.' Das [ist] aber eigentlich nicht die von uns gewollte Motivation [...].	Druck der Abschlussfixierung nicht die gewünschte Motivation
208-210	[...] die Motivation ist a) ‚Ich will [...] in der Welt zurechtkommen, also muss ich das und das lernen.', weil sonst geht es nicht.	Sinnbegreifendes Lernen für das Leben als Motivation
213-216	Also, das es irgendwo merkt, es braucht diese Kompetenz und dann von sich aus sozusagen beschließt daran jetzt zu arbeiten, sich das vorzunehmen, das zu erreichen, weil dann wird sie es auch lernen, dann lernt sie es auch wesentlich schneller, als wenn ich dir sage, du musst jetzt [...].	eigene Motivation und Wille des Kindes zum selbständigen Lernen durch erkannten Sinn
217-219	Und diese Erkenntnis, dass ich irgendwann den Rest meines Lebens diese Kompetenz brauche, kommt in der Regel auch nicht mit 11 Jahren in der sechsten	Erkenntnis braucht Zeit

	Klasse, sondern vielleicht mitten in der neunten Klasse [...].	
221-225	Das man dann irgendwann die Übersetzung im Kopf kriegt wofür man das braucht. ‚Ich brauche das nicht, weil es siebte Klasse Lehrplan ist‘, sondern: ‚Ich brauche das, weil ich denke ich möchte das werden oder interessiere mich für irgendwas [...] wo es ohne nicht geht.	Verknüpfung des Lernens zum Leben durch Sinn
225-226	[...] als Werkzeug haben wir da zum Beispiel für die Schülerinnen und Schüler die Kompetenzraster [...].	Kompetenzraster als Werkzeug für die Schüler
226-228	[...] wo sie halt sehen, was sie genau jetzt schon können und was sie noch nicht können und wo sie noch dran arbeiten können.	Selbsteinschätzung durch Selbstverantwortung
236-237	[...] Kompetenzraster drückt aus, was ich alles lernen könnte. Das steht da alles drauf. Das gibt es für verschiedene Fachbereiche.	Kompetenzraster als Lernkontrolle und -übersicht
240-244	[...] immer wenn der Schüler eine Leistung erbracht hat, also entweder etwas bearbeitet hat oder nachgewiesen hat, er hat dort und dort etwas gelernt oder er hat einen Test gemacht oder wir haben irgendwo das beobachtet, bekommt er das mit einem Punkt in dem Kompetenzraster quasi bestätigt.	Lern-/Leistungskontrolle
244-246	Sodass er fortlaufend sieht und immer bestätigt bekommt, ‚Ah das mache ich, das mache ich, das mache ich, das mache ich.‘	Selbstkontrolle
245-247	Der Sinn dahinter ist, dass der Schüler irgendwann sagt: ‚Okay, jetzt will ich aber mal das nächste können. [...]‘	intrinsische Motivation

255-256	Es gibt Kompetenzen, die hast du, die zeigst du, da hast du zum Beispiel was dir selbst beigebracht.	selbständiges und -bewusstes Lernen
261-263	[...] dass dann eigentlich das Ziel von jedem ist [...] weil man sich weiterentwickeln möchte, das ist ein Grundbedürfnis jedes Menschen, dass er sagt: ‚Okay jetzt wage ich mich mal an das nächste [...]‘	Lernen – Weiterentwicklung als Grundbedürfnis
275-276	[...] nicht für die Fremdbewertung sozusagen zu arbeiten, sondern für die eigene Zufriedenheit oder für das eigene Ziel.	eigenen Sinn für das Lernen erkennen
278	Und auch einen Test schreibe ich hier zum Beispiel, um zu wissen, wo ich stehe.	Selbstkontrolle
281-282	[...] ein Test dient hier dafür, um Rückmeldung zu geben: ‚Das und das kannst du und das und das sind noch deine Baustellen.‘	Feedback und Anregung
284-287	[...] damit er [...] auch selbst irgendwie seinen Lernlehrplan [hat], denn wenn ich gar nicht weiß, was könnte ich denn alles lernen oder was kann ich denn schon und was kann ich noch nicht, ja, dann kann ich das schlecht selbst planen.	Förderung des selbstgestalteten Lernens
287-288	Die schleppen auch ihre Kompetenzraster den ganzen Tag mit sich rum. Die liegen nicht bei uns.	Selbstverantwortung
296-299	[...] dann sehen wir halt: ‚Okay guck mal, hier hast du schon einen Test gemacht [...] da haben wir festgestellt, die und die Baustellen gibt es. So, dann könntest du damit jetzt arbeiten.	Hilfestellung bei der Selbsteinschätzung durch Feedback
303	[...] ich gucke, wo steht der und mache da weiter.	individuelle Förderung

ANHANG 7: Offenes Kodieren – Kategorietabelle

Tabelle 2: Offenes Kodieren - Kategorietabelle (eigene Darstellung)

Kategorie	ZN	Konzept
Grundeinstellung	16-21	Kompetenz vor Wissen
	32-34	Freude am Lernen
	35	Allgemeinbildung
	54-57	kosmische Erziehung Religion?
	167	keine Lehrer sondern Lernbegleiter
	201-202	Wille des Kindes im Fokus
	217-219	Erkenntnis braucht Zeit
	221-225	Verknüpfung des Lernens zum Leben durch Sinn
	261-263	Lernen – Weiterentwicklung als Grundbedürfnis
Kompetenzen	35-37	Lernkompetenz
	36	Selbsteinschätzung, Reflexivität
	37-39	Selbstbewusstsein
	40-41	Selbsteinschätzung/Reflexivität
	41-43	Problemlösungsfähigkeit
	226-228	Selbsteinschätzung durch Selbstverantwortung
	244-245	Selbstkontrolle
	255-256	selbständiges und -bewusstes Lernen
	278	Selbstkontrolle

Motivation	177-179	Das „Lernenkönnen" im Fokus vor dem Inhalt.
	208-210	Sinnbegreifendes Lernen für das Leben als Motivation
	213-216	eigene Motivation und Wille des Kindes zum selbständigen Lernen durch erkannten Sinn
	245-247	intrinsische Motivation
	275-276	eigenen Sinn für das Lernen erkennen
Unterstützung durch Lernbegleiter	48-50	Förderung der Eigenverantwortung durch Wahlfreiheit beim Arbeiten
	51-53	Förderung des selbstbestimmten Lernens im Unterricht
	53-54	Förderung des vernetzten Lernens ohne Fächerdenken
	116-119	Motivation durch Lust am Lernen
	119-122	Förderung der Lernkompetenz
	123-124	Förderung des Lernen-Wollens
	143-144	freie Zeiten für Schüler für Fragen
	149-150	Förderung von Problemlösungskompetenz
	150-153	Förderung von Kreativ bei einer Aufgabenbewältigung
	154-155	Förderung der Reflexionsfähigkeit durch Reproduktion des Erlernten

	183-186	erklärende und unterstützende Ratschläge
	187-189	Vermittlung zu anderen Lernbegleitern bei Kompetenzentwicklungsbedarf
	200-201	Andauernde Motivation
	240-244	Lern-/Leistungskontrolle
	281-282	Feedback und Anregung
	284-287	Förderung des selbstgestalteten Lernens
	287-288	Selbstverantwortung
	296-299	Hilfestellung bei der Selbsteinschätzung, Feedback, Motivation
	303	individuelle Förderung
Gestaltung der Lernumgebung	58-60	Material-Bereitstellung zur selbstbestimmten Bearbeitung
	61-62	Schaffung von selbstbestimmten Möglichkeiten durch Material und Umgebung
	137-138	kein vorbestimmter fester Stundenplan
	139-140	Schüler scheiben Stundenplan selbst
	140-142	„Kursangebote" stehen frei zur Verfügung
	156-159	Angebot an verschiedenen Materialen zur Erarbeitung

	167-171	Möglichkeit nach seiner eigenen Motivation das zu lernen, was man gerade will
	175-177	Angebot an einer großen Auswahl an Methoden für die Schüler
	179-182	Verschieden Möglichkeiten, wie ein Thema angeeignet werden kann
	202-203	Offenheit der Möglichkeiten, keinen vorgefertigten Weg
	225-226	Kompetenzraster als Werkzeug für die Schüler
	236-237	Kompetenzraster als Lernkontrolle und -übersicht
Rahmenbedingungen	69-70	Schulgeld
	74-75	Voraussetzung Elternengagement
	76	ausgewähltes Klientel
	78-79	mehr bildungsnahe als bildungsferne Elternhäuser
	80-81	Eltern, die sich über Qualität und Kriterien der Schule Gedanken machen
Finanzierung	70-71	Druck der Finanzierung freier Schulen
	85-87	weniger Schuldgeld bedeutet Sponsoren
Aufnahmebedingungen	91	Auswahlverfahren über Hospitation
	91-92	keine Auswahl nach Zeugnissen oder Empfehlungen
	96	beiderseitige Wahl nach Probewoche
	100-101	Eignung des Kindes als Voraussetzung

	101-102	Wille des Kindes als Voraussetzung
	103-104, 106-107	Gleichgewicht der Gruppe wahren
Abschlussfixierung	127-129	Druck Abschlussvorbereitung trotz LLL
	129-130	Abschluss keine Garantie
	205-208	Druck der Abschlussfixierung nicht die gewünschte Motivation

ANHANG 8: Axiales Kodieren – Grafik der Bedingungsmatrix

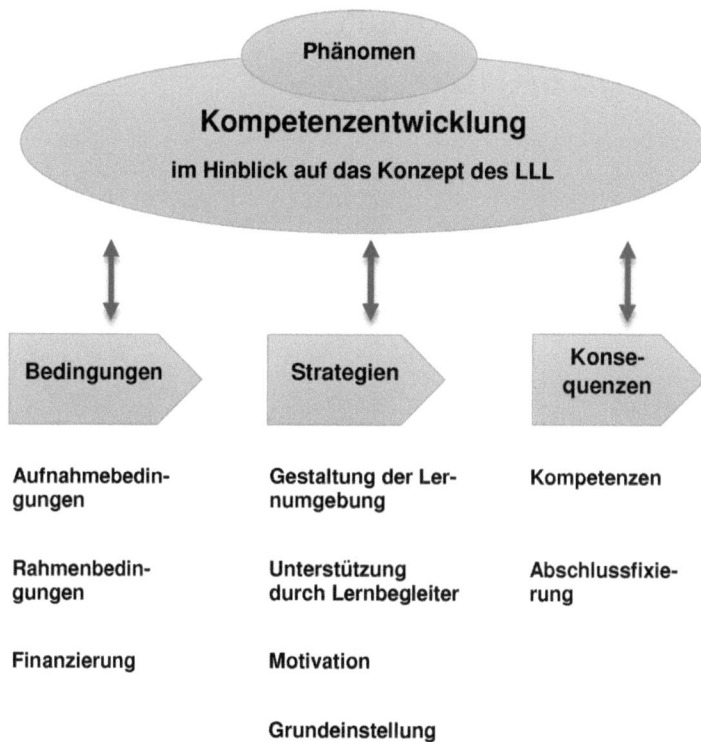

Abbildung 1: Axiales Kodieren - Bedingungsmatrix